JN439983

나는 751210이라고 해

나는 7511210이라고 해

초판 1쇄 인쇄 | 2019년 07월 31일

지은이 | 서동필

펴낸이 | 이승훈

펴낸곳 | 해드림출판사

주 소 | 서울 영등포구 경인로82길 3-4(문래동1가 39)

센터플러스빌딩 1004호(우편07371)

전 화 | 02-2612-5552

팩 스 | 02-2688-5568

E-mail | jlee5059@hanmail.net

등록번호 제2013-000076

등록일자 2008년 9월 29일

ISBN 979-11-5634-354-7

어떤 계기였을까?
다시 글을 쓰기 시작한 게

8살 어린아이는 너무나 외로웠다. 곁엔 아빠도, 엄마도, 동생들도 없었다. 가정 환경상 태어나서부터 초등 4학년 때까지 조부모님 아래에서 성장한 녀석은 엄한 할아버지와 무서운 여러 삼촌의 그늘에서 홀로 그 외로움을 감당해내야 했다.

1학년 첫 방학 때 학교에선 탐구생활과 함께 여러 과제물의 짐을 부여했다. 그 과제물 속엔 방학일기도 포함되어 있었다. 아마 그때부터였는지 모른다. 난 지독하게 쉼 없이 일기를 써댔다. 일기를 쓰는 그 순간만큼은 외로움에서 탈피할 수 있어 좋았다. 나의 오늘 하루를 추적하며 일기 속에 담아냈고, 더 나은 내일을 소원했다. 때론 게으름에, 귀찮음에 2~3주씩 밀릴 때쯤이면 최소한의 단서라도 매일 메모하여 한 번에 몰아 쓰기도 했다.

중학교 2학년 때.

난 몰래 숨겨둔 성인 잡지를 엄마께 발각당하고 만다. 꾸준히 써온 일기장 뭉치들 사이에 감춰뒀었는데 어떻게 알아내셨는지 방과 후 집에 와보니 감쪽같이 사라진 뒤였다. 민망함과 낯뜨거움은 아주 잠시.

내 역사라 할 수 있는 보물 1호 일기 공책들도 함께 보이지 않았다. 아무리 뒤지고 찾아봐도 눈에 띄지 않아 결국 엄마께 여쭤보니 다 쓴 공책들인 것 같아 잡지와 함께 버렸다며 도리어 성을 내신다.

"어디다 버리셨어요? 안 돼요, 안돼!"

버렸다고 지목한 장소는 이미 깨끗하게 청소된 후였다. 청소차가 오는 시각에 맞추어 버리신 것이었다. 난 그날 이후로 오랜 기간 식음을 전폐했다. 지난 8년여의 내가 송두리째 증발해버린 듯했다. 악도 질러보고 울어도 보았지만 이미 내 손에서 떠난 뒤였다. 그 충격의 여파로 인해 글쓰기, 즉 일기 쓰는 것은 중단되었다. 더불어 독서를 즐기며 독후감도 곧잘 쓰기도 했던 내가 책도 끊어버렸다. 책에 대한 애정이 식으니 이어 국어 점수도 함께 하락하기 시작했다. 대학수학능력시험 1세대였던 난 소위 언어영역을 당연히 망쳐버렸다.

어떤 계기였을까? 다시 글을 쓰기 시작한 게. 되짚어보면 정확히 언제부터였는지 기억이 떠오르지 않는다. 아마도 학창시절, 군대 시절을 거치며 일기 대신 편지를 쓰면서 또 다른 대체재로써 나를 표현하고자, 위로하고자 꾸준히 노력해왔던 것 같다. 그러다 우연히 라디오에 기고한 원고가 방송을 타면서 다시 글쓰기의 재미를 붙이게 됐고, 2018년 3개월간 여행작가학교에 다니며 처음으로 글쓰기의 기초를 배우게 됐다. 2016년 사랑하는 할머니가 돌아가시면서 글로써 슬픔을 달랬고 점차 감성의 깊이도 깊어져 갔다.

이과 출신으로 국어를 지독히도 싫어했고 책 읽기를 멀리했던 내가, 그러면서도 글 쓰는 것만큼은 좋아했었던 내가 이렇게 언감생심 출판을 눈앞에 둘지는 생각도 못 했다. 그래서 나의 글은 화려하지 않다. 두 번 생각해서 읽을 필요도 없다. 그냥 담백하고 솔직할 뿐이다. 문학 생도의 길을 밟아오진 않았지만, 난 꾸준히 내 맘속 나만의 길을 걸어왔다. 이 책을 읽으시고 단 한 분이라도 공감해주신 분이 계신다면 난 그걸로 만족한다.

책이 나오기까지 곁에서 응원해준 여러 감사할 분들이 너무나 많다. 솔직히 무관심이나 비아냥의 상대도 있었으나 이 모두 나의 소중한 인적 자원들이다. 나의 글에 실제 이름으로 등장하는 여러 친구, ROTC동기 및 동문, 고군 02-3기 1조 전우들, 여행작가학교 관계자분들과 우리 20기 동기분들께 감사함을 꼭 전하고 싶다. 그리고 글 쓸 때마다 열심히 품평해준 나의 아들 준민, 딸 지희, 부모님, 두 동생이 없었다면 그저 고리타분한 국어책 수준에 불과했을 것이다. 또한 해드림 출판사 이승훈 대표님과의 고향 인연은 나에게 있어 너무나 큰 행운이었다. 마지막으로 곁에서 끝까지 격려해주며 지켜준 사랑하는 나의 아내에게 이 모든 영광을 돌리며 돌아가신 조부모님 영전에 이 책을 바칩니다.

감사합니다.

2019년 4월 18일 목요일

차
례

1. 내가 왕이 될 상인가?

2. 강제 휴가

5. 브라보 마이 라이프

6. 아가의 변명

7. 학교 종이 땡땡땡

- 작가의 공간 -

1. 내가 왕이 될 상인가?

그러고 보면 난 왕이 될 상은 아니었나 보다.
지금부터 시작하기에도 너무 늦었다.
그때 선생님이 왜 꿀밤을 때리셨는지도 알겠다.
난 하다못해 집에서조차 왕으로 군림하지 못했다.
요즘 세상에 왕 노릇 했다가는 자칫 이혼감이자 쫓겨나기 십상이다.
이럴 땐 어부인께 수렴청정 받는 대군 역할이 훨씬 편하고 좋다.
왕 안 하길 참 잘했다는 생각이 든다.

뽀드득 빠드득 뽀드득 빠드득

'뽀드득 빠드득 뽀드득 빠드득'

모두가 잠든 고요한 새벽마다 아들 녀석의 이가는 소리가 들려온다.

바로 옆자리에 누워 자는 난, 그 소리가 들려오기 시작하면 아들의 베개 위치를 바꿔주기도 하고, 고개를 돌려주기도 하며 힘겹게 일어나 이를 갈지 않도록 다양한 방법들을 동원한다. 그래도 끝날 기세가 보이지 않을 때는 포기를 선언하고, 헤드락 상태로 아들의 양턱을 강제로 고정한 채 잠을 청한다. 몇 개월 전부터 시작된 아들 녀석의 이갈이… 25년 전으로 거슬러 올라가게 된다.

그때 난 고3 수험생으로 수능을 준비하는 시기였고, 심한 압박과 시험에 대한 부담, 스트레스가 겹쳐 밤마다 이를 갈았나 보다. 당시 가정환경이 어려워 월세 단칸방에 살며 여동생, 엄마, 아빠, 남동생, 그리고 나 순으로 함께 잠을 잤었는데 다음날 일어나면 나의 이가는 소리 때문에 한숨도 못 잤다며 온 가족의 원성을 듣기 일쑤였다. 심지어 남동생은 형 때문에 잠을 못 자겠다며 친구 집에서 자고 온다고 선전포고까지 하곤 했다. 짐을 쌓아둔 혼자

눕기에도 버거운 다락방이 있었는데 정말 민폐를 주지 않기 위해 거기라도 올라가서 따로 자야 하는 걸까? 심각한 고민을 하기 시작했다.

잠잘 땐 내가 이를 가는 모습과 소리를 보지도 듣지도 못했지만, 당시 장손인 나로서는 하루하루가 수능시험에 대한 불안감의 연속이었을 것이다. 잠도 못 이루고 뒤척이다 학교 가기 일쑤였고, 어쩌다 겨우 잠이 들면 이렇듯 밤새도록 이를 간다며 온 가족의 따가운 눈총을 받아야 했다.

그러던 어느 날 밤…

꿈속에서 열심히 이상의 나래를 펼치고 있을 무렵, 갑자기 철썩! 소리가 나면서 뺨이 아른거렸다. 실제 뺨을 맞은 듯 너무 아팠다. 꿈인가 생시인가라는 표현을 바로 이럴 때 쓰는 것 같았다. 머릿속에서는 계속 잠을 이루고 있었고 하지만 뺨은 계속 아픈 상태…

아픈 뺨을 어루만지면서 꿈인지 생시인지도 모르게 부족한 잠을 계속 자야 했다.

다음 날 아침에 어젯밤 상황이 꿈속이었겠지! 하면서 또 일상생활에 파묻혔다. 그런데 그다음 날도 꿈속에서 나는 누군가에게 또 뺨을 얻어맞아야 했다. 왜 맞는지 이유도 몰랐다. 꿈속이었지만 눈을 뜨고 싶었다. 어렵사리 몸을 일으켜 혹시 바로 옆에서 자는 남동생이 잠결에 몸을 뒤척이다 때린 건 아닌지 손 위치도 확인해보았다. 그러나 모든 식구는 곤한 잠을 자고 있었다. 뺨은 아프고 잠은 오고 이런 상황이 며칠째 계속되고 있었다.

그러다 하루는 작전을 세웠다. 밤마다 내가 맞는 빰이 꿈속이 아닐 수도 있겠다는 가정을 해보았다. 그래서 잠자는 척하며 긴 밤을 가수면 상태로 눈만 감은 채 밤을 지새웠다. 그런데 그날은 아무 일도 없었다. 왜냐하면 내가 자지 않았으니 이를 갈지도 않았고 빰을 맞을 이유도 없었기 때문이었다. 수능이 코앞으로 다가올수록 이를 가는 횟수도 점점 더 늘어났고 덩달아 빰을 맞는 횟수도 증가하였다. 나중에는 누군가가 나를 일부러 때린다는 의심에 화가 치밀어 올랐지만 실제로 범인을 찾을 수도 없었고 찾을 겨를조차 없었다.

그러던 어느 날이었다. 새벽녘에 소변을 마치고 들어와 다시 선잠이 들었을 때 내가 또다시 이를 갈았나 보다. 그때 멀리서 긴 팔이 날라와 내 빰을 후려갈겼고 당시 깊게 잠이 들지 않을 때라 맞음과 동시에 눈을 떠서 팔의 동선을 즉시 확인하였다. 아버지셨다. 분명 아버지셨다. 남동생 옆자리에 누워계시던 아버지가 팔을 길게 뻗어 내 빰을 가격하신 것이었다. 순간 화가 나서 불을 켜고 아버지를 깨웠다.

그런데 한참 만에 일어나신 아버지는 무슨 일이 있었냐는 듯 실눈을 뜨시며 딴청을 피우셨다. 나의 계속된 채근에도 계속 부인만 하셨다. 가족들도 소동에 모두 잠이 깨어 무슨 상황이 벌어진 건지 연신 졸린 상태로 지켜볼 뿐이었다. 그동안 꿈속에서 맞았던 게 모두 현실이었다는 걸 생각하니 짜증과 분노가 밀려왔다. 하지만 강하게 부인하시는 아버지와 나를 동조하지 않는 가족들의 모습에 '내가 진짜 잘못 본 건가?'라는 의심도 갖게 되었다. 어쨌든 그날 밤의 상황은 그렇게 종료되고…

수능을 무사히 마치고 우리 가족은 월세 단칸방에서 방이 3개 딸린 2층 전셋집으로 이사를 했다. 압박감에서 해방되면서 자연스레 이를 가는 현상도, 꿈속에서 뺨을 맞는 고통도 함께 사라졌다. 기억 속에서 사라져갈 때쯤… 엄마와 단둘이 저녁을 먹고 있을 때, 엄마가 비밀을 조용히 말씀해주셨다. "그동안 뺨을 때린 사람은 네 아버지셨다." "예부터 잠잘 때 이를 가는 사람에게 뺨을 때려주면 깜짝 놀라 그때부터 이를 더 갈지 않는다는 속설이 있단다." 밤마다 이갈이하는 아들이 걱정되셨던 나머지 정말 말로 안 되는 치료법으로 아들의 고통을 덜어주시려 했던 것이었다. 말씀 끝에 이건 아버지께 꼭 비밀로 하라며 신신당부를 하셨다.

자식의 뺨을 어쩔 수 없이 때려야 했던 아버지의 심정은 얼마나 아프셨을까? 지금의 내 아들을 지켜보면서 그때 아버지의 사랑과 헌신이 그대로 느껴진다. 덕분에 난 그 후로 더 이상 이를 갈지 않았지만 내가 아들에게 이갈이 현상을 대물림해 준 것 같아 이젠 내 가슴이 시려온다. 아들은 어제 중학교 교복을 지급받았다. 초등학교를 벗어나 규율과 통제 속에 중학생이 되어야 한다는 부담감과 스트레스가 엄청나게 컸을 것이다. 고 3때의 내가 떠올라 안타깝고 짠하고 한없이 미안했다.

아들에게 말한다. "아빠가 네 맘 안다. 현실은 두렵고 어둡고 무섭겠지만 실상 닥쳐보면 그 두려움과 무서움은 아무것도 아니란다. 그러니 이제 더는 이를 갈지 말고 꿈속에서 편안하고 자유롭게 또 다른 세상을 여행하면서 자렴."

그리고 아버지께 이제야 속 후련하게 말씀드립니다. "그때 그 시절. 제 뺨을 수차례 후려갈기셨던 분이 아버지. 당신 이라는 거 제가 다 압니다. 그날 밤 눈으로도 봤고 어머니께 제보도 받았습니다. 그러나 이제 더는 마음 아파하지 마세요. 아버지가 계셨기에 지금 장성하여 단란한 한 가족을 이끌고 있는 제가 있고, 그리고 아버지의 든든한 손자 손녀가 있으니까요. 그러나 저 사실은요. 그때 무지 아팠었거든요, 요령껏 살살 좀 때리시지요…"

사랑합니다. 감사합니다. 그리고 오래오래 행복하세요.

2016년 2월 25일 금요일

After…

아버지는 아직도 그때 그 치료 방법을 극구 부인하고 계신다. 시치미를 뚝 떼시는 게 완강해 보이나 말씀 뒤로 짓는 표정 속에 이미 거짓을 고하고 있음은 누가 봐도 한눈에 알 수 있다. 아비의 아픈 마음을 자식에게 드러내놓고 싶지 않았을 터! 앞으론 나도 그냥 모른 척 해야겠다. 전국적으로 알려진 이상 판결 결괴에 피해자와 가해자를 나누는 게 무슨 의미가 있으리! 고등학생이 된 아들 녀석은 오래전이 가는 걸 멈추었다.

위 원고는 2016년 3월 1일 MBC라디오 '강석 김혜영의 싱글벙글쇼' 백일장 코너에 방송되었습니다.

3대代 ●

모처럼 만에 가족끼리 부산으로 새해 해돋이 여행을 다녀왔다. 그것도 1박 2일 일정으로…. 사전에 예약한 해운대 앞 호텔은 TV에서나 봤음직 할 화려한 인테리어에, 집기에, 최고급 시설을 보유하고 있었다. 우리 부부와 중1 아들, 초5인 딸 모두 부산 여행은 처음이었다. 전라도가 고향인 우리 가족은 구수한 경상도 사투리의 매력에 금세 빠져버렸다. 마치 시골 촌놈이 처음으로 서울 구경을 온 마냥 말 그대로 흥분의 연속이었다. 서울-부산간 500여 킬로 남짓 거리의 여독은 해운대 앞바다의 푸르름과 바다 내음에 어느새 치유되고 있었다.

우리 가족은 숙소에 짐을 풂과 동시에 곧바로 호텔을 빠져나왔다. 12월 31일 부산 1일 차 시티투어가 시작되었다. 방문하는 명소/유적지마다 사람들로 인산인해를 이루었고, 다음날 해돋이를 보기 위한 관광객까지 겹쳐 숙박시설, 식당 할 것 없이 발 디딜 틈이 없었다. 오륙도, 태종대, 흰여울 마을, 송도해수욕장, UN 공원, 부산시립박물관 등 일정을 빽빽이 소화하고 숙소에 돌아오니 하루해와 함께 2016년도 어느덧 저물어가고 있었다. 그제야 모든 피로가 몰려오기 시작했고 침대로 곧장 쓰러졌다. 잠시 후 TV를 켜고 연말 시상식 등을 보며 우리 가족은 해마다 있는 마지막 연례행사를 준비하기 시작했다.

우리 가족의 마지막 연례행사는 송구영신! 옛것을 보내고 새것을 받아들이자는 일환으로 목욕을 하는 거다. 묵은 때를 벗어던져 버리고, 이때 속옷도 모두 새것으로 갈아입는다. 깨끗한 몸과 마음으로 새해 맞을 준비를 하는 것이다. 올해도 역시 마지막 목욕 행사가 진행되고 있었다.

먼저 와이프와 딸이 욕실로 들어가 목욕을 하고 나왔고, 다음은 나와 아들이 들어갔다. 시원하게 옷을 벗고 샤워기로 몸을 씻어내며 비누칠을 하고 있는데, 아 글쎄 아들 녀석은 쭈뼛쭈뼛 겉옷만 벗은 채 안절부절못하고 있지 않은가?

"뭐해? 빨리 옷 벗고 들어와서 아빠 등에 비누칠 좀 해줘!"

아들 가진 아빠의 자랑이라고나 할까? 자주는 아니지만 어렸을 때부터 가끔 아들 녀석과 난 공중목욕탕을 이용했고, 제법 팔 힘이 좋은 아들은 그때마다 내 등을 정말 시원하게 잘 밀어주었다.

이런 행복한 상상을 하고 있을 무렵에도 아들 녀석은 욕실 구석에 숨어 뒤로 돌아선 채 아직도 팬티 한 장을 끝내 못 벗고 있었다.

"옷 안 벗고 무슨 생각 하냐니깐? 빨리 등 좀 밀어줘!"

"아니… 근데… 그니까… 저요… 제가 있잖아요."

아들 녀석은 내게 무슨 말을 하고 싶은 건지, 아니면 어색한 건지 연신 말을 주저주저하기 시작했다.

"왜? 뭐?" 내가 다그치기 시작하니까….

그제야 "아빠 고개 좀 돌려주시면 안 돼요?"

띵!

그랬다. 가만히 생각해보니 지난봄에 같이 목욕하고 근 8개월 만에 아들이랑 같이 목욕을 하고 있었다. 아들은 중학교 1학년이 되면서 그동안 신체적 변화가 일어나기 시작했나 보다. 거기에 쑥스러운 나머지 아빠에게 벌거벗은 몸을 보여주기 창피했던 모양이었다. 아들은 목욕하는 내내 몸을 꼬아가며, 허리를 숙여가며, 등을 돌려가며, 손으로 가려가며 마지막 순간까지 들키지 않고 끝내 그 목적을 달성해냈다. 물론 내 등도 여전히 시원하게 밀어주고 말이다. 아니 어쩜 나도 그런 아들을 위해 모른 척 안 보려고 노력했을 수도 있겠다. 아들이 태어난 지 얼마 안 된 거 같은데 벌써 사춘기가 되어 부끄러워하고 창피해하는 모습이 무척이나 기특하고 대견해 보였다. 한편으론 귀엽기도 하면서 말이다.

때는 과거로 흘러!

내가 중학교 2학년 시절이었던 걸로 기억한다. 나 또한 그때부터 신체적, 정신적 변화가 일어나기 시작했다. 감수성이 예민해지고 조그마한 것에도 화가 나고, 이성에도 눈을 뜨기 시작했다. 무엇보다도 제일 귀찮았던 것은 아침마다 면도를 해야 하는 것이었다. 그야말로 질풍노도의 시대에 빠진 난 희로애락의 바다에서 날마다 허우적댔다.

당시에도 아버지랑 매주 일요일 공중목욕탕에서 때를 미는 게 우리 집 행사였다. 그런데 내가 이 시기엔 매주 핑곗거리를 만들어 아버지랑 목욕탕 가는 걸 빠졌고 대신 혼자 몰래 가서 하기 시작했다. 그러다 그해 봄 할아버지의 환갑잔치가 있었고 전날 어김없이 아버지는 내게 목욕탕에 함께 가자고 하셨다. 난 더는 핑계를 댈 수가 없었고, 마치 소가 도살장에 끌려가듯 끌려가 목욕을 해야 했다.

난 아버지께 내 몸을 보여주기가 너무도 창피했다. 그래서 탈의실에서 옷을 벗다가 마지막 자존심이라 생각하고 급기야 팬티는 벗지 않고 욕탕으로 들어갔다. 이미 홀라당 벗고 목욕을 하시던 분들의 집중된 시선들이 쏟아졌다. 난 그 시선들보다 내 몸을 아버지께 들키지 않았던 게 목적이었다. 아버지는 그런 행동에 이상한 시선으로 보시지 않고 평상시와 똑같이 때도 밀어주셨고, 나 또한 아버지 등을 밀어드리며 무사히 목욕을 마쳤다. 그 후로 아버지는 내게 목욕을 하러 같이 가자는 말씀을 다시는 안 하셨고 내 나이 43세가 되도록 최근까지 같이 할 기회도 없었다.

그런 아들과 과거의 중2 시절 나를 바라보니 흐뭇한 미소가 절로 나오고 있었고, 때마침 제야의 종소리가 울리며 새해를 맞이하였다. 다음날 광안대교에서 새해 일출을 보고 가족의 행복과 건강을 소원했다. 부산 2일 차는 오전에 자갈치시장이랑 국제시장에서 시장 구경도 하고 식사까지 하는 일정이었다. 모든 일정을 마치고 서울로 올라오는 내내 비슷한 시기 똑같은 성장통을 겪은 부자의 추억이 계속해서 오버랩되고 있었다.

작년 가을.

처음으로 홀로 계신 아버지를 모시고 우리 가족 4명과 함께 베

트남으로 해외여행을 다녀왔다. 사업으로 눈코 뜰 새 없이 바빠 몇 년 전 그냥 흘려보낸 아버지의 환갑여행 차원도 있었다. 나도 아버지께 이참에 조금이나마 효도를 하고 싶었고, 더불어 쉬고 싶었다.

일정 동안 내가 아버지와 한방에서 자고 와이프는 자녀 2명과 함께 잤다. 당시에도 일정을 소화하고 숙소에 돌아오면 제일 먼저 하는 게 목욕이었다. 아버지가 조용히 욕실로 먼저 들어가시길래 나도 잠시 있다가 뭔가에 홀린 듯 같이 따라 들어갔다.

몇 년 만이던가? 근 30년이 지난듯하다. 아버지의 목욕하시는 모습을 수많은 세월이 지나 그제야 다시 보게 된 것이다. 앙상하게 남은 척추뼈에, 좁은 어깨, 메마른 팔다리, 하얗게 변한 머리 등 아버지의 몸은 이미 내가 기억하고 있던 30년 전의 무섭고 인자하시던 떡대 좋으신 아버지가 아니셨다. 아버지는 5년 전 급성 패혈증에 걸리셔 2박 3일간을 혼수상태에 계시다 극적으로 의식을 회복하셨다. 지금도 패혈증은 걸렸다 하면 80%는 1주일 내 사망한다는 무서운 병인데 그때 깨어나신 건 말 그대로 기적이셨다. 지금, 이 순간 내 곁에 계신다는 게 감사, 감사, 또 감사할 따름이었다.

정성껏 야윈 아버지의 등을 밀어드리는데 눈물이 계속 흘러나왔다. 물소리에 훌쩍거림을 감추며 겨우 다 밀어드렸고 아버지도 그 옛날처럼 내 등을 시원하게 밀어주셨다. 당시 아버지가 등을 미시면 피부가 쓸리듯 너무 아파 마냥 몸을 빙빙 꼬곤 했었는데, 지금은 늙은 아비의 사랑이 손끝에 그대로 전해져 한없이 편안했고 따뜻했다. 그렇게 4박 5일간의 일정 동안 지난 30년간 잊어버렸던 아버지의 냄새를 밤마다 다시 맡을 수 있었고, 난 그때의 어린 아들이 아닌 아버지의 보호자가 되어 여행을 즐겁게 마무리했다.

서울로 돌아와 아버지, 나, 아들 3대(代)의 세월을 추억하며 많은 생각에 잠긴다. 앞으로는 일부로라도 아버지와 목욕탕 가는 시간을 자주 만들어야겠다. 서로 간의 등을 밀어주며 부자간 정과 추억의 탑도 더 열심히 쌓아야겠다. 점차 아들도 신체적 변화에 순응해질 때쯤이면 아무 거리낌 없이 서로의 등을 자연스레 내줄 수 있을 것이다. 더불어 기회가 닿는다면 3대가 함께 목욕하며 등을 밀어주는 행복한 시간을 갖고 싶다.

아버지도 아주 어렸을 적 할아버지께는 코흘리개 아들이었을 것이다. 똑같이 사춘기를 겪었고 나도 그 시절을 겪었으며, 그리고 아들 녀석도 지금 사춘기 터널을 통과하고 있다. 세월은 유수와 같다고 하지 않았던가? 나의 조부는 이미 구순을 넘으셨고 증손자까지 보셨다. 그렇게 강하고 무섭고 철옹성 같던 조부도 그러셨고 아버지도 지금 그 조부를 따라 야위고 허리 굽은 노인이 되어가고 계신다. 세월 앞에 장사 없고, 세월 앞에 원망도 없다. 인생무상이라는 말이 참으로 어울리는 밤이다.

언제까지 변하지 않았을 아버지를 상상하며, 천진난만한 자식을 상상하며 떠난 각각의 여행이었다. 변모하는 아버지와 자식을 바라보며 나 또한 그동안 내가 보지 못했던 변화된 내 모습과 성격 등을 천천히 바라보게 된다. 세상과 타협하지 않고 거칠게 앞만 보고 살아왔던 난 너무도 피곤하고 수척한 중년의 얼굴로 변해 있었다. 또한 급하고 격정적이며 다혈질로 변해버린 내 성격이 부끄럽기만 했다. 아버지는 아들의 거울이라 했다. 아들이 나의 길을 따라 걸을 수 있도록 앞으로는 나이를 먹으면 먹을수록 좀 더 따뜻한 사람으로 좀 더 배려하고 베푸는 사람으로 인생을 살아가야겠다. 또한 가족을 더욱더 사랑하며 살아가야겠다. 그래야 더 내가 떳떳해지고 아름다워지지 않을까? 그래서 먼 훗날 인생이 마감될 즈음 내 아들 녀석에게 그러고 싶다.

"아빠 인생은 여기서 마감되는 게 아냐! 아들이 아빠의 삶까지 살아갈 거잖아! 아빠의 아들로 태어나서 고마웠어. 넌 내게 언제나 자랑스러운 아들이었어"

2017년 1월 4일 수요일

After…

아직 3대가 함께 목욕할 시간을 갖지 못했다. 대신 아들과 난 이제 목욕탕을 함께 자유롭게 다닐 수 있는 사이가 되었다. 권위와 서열을 모두 내려놓는 조건이다. 자연 그대로의 모습을 배려하고 서로의 가려운 부분만 긁어주면 목적은 달성한다. 도리어 아버지가 함께 목욕하시는 걸 피하신다. 알 수 없다. 그 이유를… 어쩌면 이번엔 아버지가 아들에게 말 못 할 비밀이 생긴 건 아닐까? 이번 주말 다시 한 번 설득 드려 보자!

넌 나의 하나뿐인 친구야

"나 너한테 솔직히 고백할 말 있다. 네게 이실직고를 하지 않으면 너의 얼굴을 앞으로 영영 보지 못할 것 같다. 친구야, 나 한때는 널 미워했었다. 다른 친구들에게 널 뒷말하기도 했었다. 그리고 그 친구들하고만 놀았다. 나로 인해 넌 우리 친구들 사이에 왕따가 되어버렸다. 미안해, 친구야, 날 용서해줘!"

우리의 인연은 초등 3학년 때였던 걸로 기억한다. 네가 찾아온 날 공교롭게도 학교 앞 개울을 건너던 중 새로 산 지 일주일 된 운동화 한 짝을 물에 빠트려 잃어버리고 말았다. 그때 할아버지는 날 심하게 혼내셨고 옷까지 모두 벗기어 집 밖으로 쫓아내셨다. 서러워 엉엉 흐느껴 울고 있을 때 넌 한동안 나의 곁에서 내 눈물을 닦아주었지! 그때의 고마움을 지금도 잊지 못한다. 처음엔 너 때문이었다고 원망했지만 넌 늘 한결같았다. 내가 기쁠 때나, 슬플 때나, 우울할 때나 넌 나의 곁에서 유일한 친구였었다.

고등학교 3학년 가을, 우리 부모님은 성격 차이로 이혼을 하셨다. 엄마는 따로 나가 사시기로 하시고 아버지와 우리 3남매만 지금의 집에 남았다. 가정법원에서 최종판결을 받고 집으로 오신

날, 그날만큼 눈물을 많이 흘렸던 때가 있었을까? 두 분의 인생이기에 우리 3남매는 어쩔 수 없는 결과를 받아들이기로 했지만, 고1인 남동생과 초6인 여동생은 오랫동안 충격에서 헤어 나오지 못했다. 남들처럼 평범한 부모님 아래 화목하게 살고 싶은 소망도 욕심이었을까? 그날 왜 그리도 가을하늘이 요란하던지…. 대낮임에도 불구하고 어두웠던 하늘은 암담하고 우울한 우리 미래를 알려주고 있었다. 그때 라디오에서 흘러나오던 건스앤로즈의 'November Rain'을 들으며 너와 함께 눈물을 묻었다.

내겐 엄마 같았던 사랑하는 나의 할머니! 군대에서 휴가 나와서도 따뜻한 당신의 젖가슴을 철없는 손주에게 기꺼이 내주시며 사랑으로 품어주신 할머니! 평생을 빈농에 자식들 교육시키시랴 정작 당신 몸은 돌보지 못하시고 원통하게 가신 그날도 넌 내 곁에 있어 주었다. 소리 없이 흐느껴 우는 날 위해 너 또한 침묵으로 다가와 내 곁에 있어 주었다. 꽃이 만개하던 2016년 4월의 봄날, 넌 할머니 가시는 길에 꽃길을 만들어주었다. 곱게 한복을 차려입으시고 꽃길을 걸어 강을 건너가실 때 네 덕분에 비로소 할머니를 떠나 보내드릴 수 있었다.

이렇듯 넌 내 삶의 굴곡점마다 항상 나와 함께였었다. 그래서 그때마다 위기를 벗어날 수 있었고, 다시 일어설 수 있었다. 그런데 그런 네가 어느 순간부터 미워지기 시작했다. 내 인생에 있어 동반자였던 네가 갑자기 훼방꾼이 되기 시작했던 거다. 1년 평균 90일. 즉 널 볼 수 있는 확률이 겨우 25%에 불과하다.

여행 작가 학교 입교 후 실습 여행 때마다 넌 얼마나 우리를 못

살게 굴었냐? 3차례의 실습 중 2번이나 찾아와 엉망진창으로 만들어놓고, 그것도 모자라 2달 전부터 계획한 졸업여행 때까지 넌 불청객이 되어 우릴 참 질리게도 했다. 너 때문에 소풍 가방이 젖었고, 예쁜 신발에 진흙이 묻었으며, 보물찾기 놀이도 할 수 없었다. 또한 밤새 싼 김밥이 비에 맞아 퉁퉁 불어 도저히 먹을 수 없게 되었다. 뭐? 비 오는 날의 수채화가 아름답다고? 야! 그것도 한두 번이지, 정도껏 했었어야지!

사람 맘은 참 간사한가 봐!

널 다시는 보지 않으려 했다. 그때부터 우산을 꼭 챙겨 다니기 시작했다. 그 전엔 네가 찾아오는 날이면 어지간해서는 우산 쓰기를 거부했었던 나였었다. 따뜻하게 적시는 너의 숨결이 좋았었고 젖어 들어가는 느낌이 좋았었다.

너도 힘들었지? 미안해, 친구야.

다시 내게 돌아 와줘! 네가 사라진 지난 50여 일 동안 이곳은 폭염에 숨도 쉬지 못할 만큼 모든 생물체가 타들어 가야만 했다. 저수지는 바닥을 드러냈고 연일 전력량 수치는 고점을 찍었다. 그마저도 단칸방 서민은 전기세가 아까워 맘껏 에어컨을 틀지도 못했다. 94년 더위를 뛰어넘은 100년 만의 더위라고 한다. 날 용서해줘! 그리고 하루빨리 돌아 와줘! 내 몸속 깊이 너의 촉촉한 체온을 다시 느끼게 해줘!

다시는 널 떠나가지 않을게.

난 너와 할 얘기가 아직 많단 말이야.

이제는 내가 너의 눈물을 닦아줄 차례야.

넌 나의 하나뿐인 친구니까….

기다릴게, 친구야!

2018년 8월 21일 화요일

After…

비는 결국엔 나의 사과를 받아 주었다. 이 글을 쓴 다음 날 곧바로 다시 내게 찾아와 주었다.

세상은 환호했고 그는 다시 나의 하나뿐인 친구가 되었다. 여전히 그는 나의 곁에서 눈물을 닦아주고 있다. 근래 들어서는 맑은 하늘과 별도 선물해주고 있다. 나도 이젠 그에게 친구가 되어 줄 차례다. 대지를 적시는 그의 비트에 맞춰 노래를 불러보며 함께 춤을 춰 보는 건 어떨까? 어쩌면 무지개가 관객이 되어줄지도 모르잖아!

웰컴투 택배골

메뚜기도 한철, 추석 대목을 앞둔 백화점의 카운터가 북적북적하다. 주문된 상품은 화려한 포장지에 씌워져 저마다 명패를 달고 집결지로 모인다. 여기서 각자의 소산지로 재분류되어 최종적으로 입양 갈 준비를 마친다.

여기서부터 내가 등장!

00 백화점 특송 팀 명절 꿀 알바가 시작된다. 건당 수수료도 높고 수량도 부담 없어 꿀 알바로 불리기에 충분했다. 기간은 보통 명절 전 10일 내외이다.

내 담당구역은 고양시 덕양구 일대로 그 섹터가 광범위하다. 새벽 5시 기상, 6시 집결지에서 물품 수령 후 덕양구로 이동하여 7시부터 뛴다.

새벽 시간엔 차가 없을 거라는 생각은 오산!

어둠 속을 헤치는 차들은 똑같이 밀리고 똑같이 서행한다. 부지런하고 바쁘게 살아가는 소시민들이 많다는 증거다. 나도 그들의 대열에 끼어 일터에서 아침 해를 맞이한다.

7시에 첫 입양 가는 상품이 오늘 하루 전체 난이도를 알려준다. 집을 쉬이 찾거나, 층수가 낮거나, 주인이 친절하거나 하면 그날 하루는 운수가 좋다. 그러나 그 반대이면 그날 일진은 억세게 꼬인다. 아침 일찍부터 새벽바람에 배송하냐며 격려해주시는 분들이 천사로 보일 때도 있다. 때론 벨을 누르거나 전화를 드리면 잠을 깨웠다고 신경질 부리는 분들이 악마로 보일 때도 있다.

9시가 넘어가면 입양대상자들은 제집으로 찾아가기 전 경비실이나 무인 택배함, 또는 차가운 현관 앞 대리석 위에서 제 주인이 올 때까지 기다리기 십상이다. 먹고살기 바쁜 현대인들이 이미 출근이 완료된 시간이기 때문이다. 주인을 언제 어디서 어떻게 만날지는 제 운이고 복이다.

출발 전 리스트 확인, 코스 작전, 선 전화 통화 후 물품 확인! 이들 3박자가 물 흐르듯 흘러야 시간 지체가 없다. 제일 중요한 건 역시 코스 완성! 물론 난 막힘이 없다. 비슷한 수량에 비슷한 지역을 배송하시는 다른 기사분들과 비교해도 난 오후 2시 이전에 모두 종결짓지만 다른 분들은 대부분 오후 6시를 넘어선다. 비결이 뭐냐고? 이건 영업비밀!

가장 난감한 게 전화를 안 받거나, 꺼져 있거나, 전혀 다른 사람의 폰이거나…. 찾아갔는데 해당 주소가 없거나, 틀리거나, 맞는데 아무도 안 계시거나…. 남들은 이럴 경우 십중팔구 반품이다. 하지만 난 전화와 주소 중 하나만이라도 살아있으면 소생이 가능하다. 바로 꺼져가는 심장을 인공호흡으로 살려낼 수가 있다. 그렇게 해서 어떻게든 택배 물품을 전달한다. 물론 전화나 주소가 모두 틀리면 100% 반품!

일찍 출근했으니 10시가 넘어가면 허기가 진다. 김밥천국에서 산 김밥 한 줄과 음료로 차 안에서 대충 배 속을 채운다. 어차피 격식을 갖춰가며 식사하기는 글렀다. 1년 365일 배송하는 것도 아니고 겨우 7일~10일 정도는 충분히 감수할 수 있다. 가끔 불쌍한 표정으로 쳐다보는 관객들의 시선이 불편한 건 어쩔 수 없다.

말했던 대로 오후 2시 이전에 모든 게 끝이 난다.

차를 가득 채웠던 택배 물량들이 어느 순간 텅 비워졌을 때 난 해방감에 휩싸인다. 마치 내 맘 안의 욕심, 번뇌, 고민, 불안, 슬픔 등을 모두 지워버린 것처럼 말이다. 금세 몸과 마음은 민트향 가득한 욕조 속으로 향하고 있다. 다음날 수많은 음의 잡것들이 또 채워질 텐데 말이다.

정말 다양한 분들을 대면한다. 남녀노소 귀천을 가릴 것이 없다. 작은 택배물건 하나에 행복해하는 분들의 미소를 볼 때는 긍지를, 무미건조하게 손만 문밖으로 내미는 분들을 볼 때는 피곤함을 느낀다. 솔직히 감정을 교류할 틈은 없다. 바쁘니까… 피곤하니까…. 그래도 작은 행동 하나하나에 일희일비하는 나를 자주 목격한다.

며칠 하다 그만두는 꿀 알바인데도 택배기사들의 고충과 애환을 고스란히 몸으로 느끼고 있다. 그들은 소변볼 시간도, 밥 먹을 시간도, 심지어 가족과 연인과 전화 통화할 시간도 없다. 오로지 차량 시동 걸고 운전하고 집 찾고 물건 건네고, 또 시동 걸고 운전하고 집 찾고 물건을 건네는 동작이 온종일 반복된다. 운이 좋으면 물 한잔 얻어 마실 수도 있지만, 대부분의 택배기사는 시작부터 끝날 때까지 김밥 한 줄로 허기를 때우거나 생으로 굶고 하는 경우가 허다하다.

택배 꿀 알바가 끝나면 이제부터라도 그들에게 최소한 얼굴 보고 "수고하셨습니다. 물 한잔 잡수세요"라고 감사의 인사를 드려야겠다. 그들이 아니면 누구에게서 이런 예쁜 자식들을 선물 받을 수 있을 것인가? 그들이야말로 이 시대의 진정한 행복 메신저들이기 때문이다.

그나저나 큰일이다. 겨우 며칠 했는데 소속 택배기사들보다도 더 잘해버리니 정직원 계약하자고 하면 어쩌지?

두고 볼 일이다. 하하하!

2018년 9월 14일 금요일

After…

다행히(?) 정직원 섭외 전화는 없었다. 대신 지난 설날에도 OO 백화점 팀장의 섭외 전화가 걸려와 택배 꿀 알바를 했다. 담당자는 추석 때 보여준 놀라운 내 적응력에 심심찮게 놀란 눈치였다. 사실 계획된 급여보다 웃돈을 더 얹어 입금했더라! 내 실력을 이미 인정해주고 있다는 방증! 설날에도 마다할 이유가 없었다. 배송 건수가 더 늘어났지만, 오히려 종료 시간은 1시간이나 줄어들었다. 일취월장이다. 올 추석 때는 도대체 몇 시쯤에나 끝을 내려나? 나도 벌써부터 궁금해진다.

내가 왕이 될 상인가?

"그래 어찌 내가 왕이 될 상인가?"

"……."

"왕이 될 상이냔 말이다 관상가 양반"

영화 '관상'에서 수양대군은 관상가 김내경에게 희번덕거리던 칼을 어깨에 걸치며 이렇게 질문한다. 출렁이는 파도만 볼뿐 바람을 보지 못했던 김내경은 훗날 계유정난을 돌이켜보며 이 또한 역사임을 인정한다.

내 어릴 적 꿈은 대통령이었다. 장래 희망을 적을 때 국민학교 졸업 때까지 늘 대통령을 적어냈다. 괴짜 선생님은 이런 날 쥐어박으시며 "똑바로 안 적을래? 장난하지 말고 다시 적어!"라며 호통을 치셨다. 성적도 어중간한 상위권에, 소심한 성격이었던 코흘리개 꼬마 녀석이 어이없으셨나 보다. 하지만 중학교에 진학하여 세상의 이치를 깨닫기 전까진 내 꿈은 변함이 없었고, 나름대로 준비도 열심히 했었다. 지금 생각해보면 정치권 뉴스를 빼놓지 않고 보고, 신문을 통달하도록 읽던 어린 시절의 내가 기특하기만 하다.

오늘 근 15년여 만에 국립 현충원을 다녀왔다. 수도방위사령부에서 중대장으로 군 복무 당시 정신교육 일환으로 병력을 인솔하고 그때 처음 갔었고, 이번이 그 두 번째다. 첫 번째 때는 정해진 스케줄대로 업무차 의무적으로 갔었다면 오늘은 예전부터 꼭 다시 한번 제대로 참배 드리고 싶어서 자발적으로 왔다.

그간 조선 왕릉은 수도 없이 다녀왔었다. 집 근처에 있는 서오릉은 아예 내 전용 산책코스다. 구리 동구릉에 모셔져 있는 태조임금 건원릉부터 조선 마지막 왕인 순종이 모셔져 있는 남양주 유릉까지 조선왕조 500년 역사를 따라 참배를 다녔다. 지난겨울엔 강원도 영월 단종임금이 모셔져 있는 장릉까지 유배길을 따라 다녀왔었다.

오늘 방문은 근현대사를 함께한 대통령들의 묘를 참배하고 그 분들로부터 좋은 기를 받아 가족들에게 나눠주고 싶은 목적도 있었다. 첫 번째 방문 때는 시간상 사병묘역만 둘러보며 청소하고 돌아가 아쉬움이 많은 터였다. 평일이라 그런지 방문객은 찾아볼 수가 없다. 143만 제곱미터, 여의도공원 절반 면적에 해당하는 국립현충원엔 작업자와 극소수 방문객 외엔 나 혼자뿐이다. 일단 정문 민원 안내실에서 묘지배치도를 받아들었다.

현재 모셔져 있는 네 분 대통령의 묘역은 현충원 맨 안쪽, 즉 입구에서 멀리 떨어진 구릉에 있었다. 그중 박정희 대통령과 육영수 여사의 묘는 가장 멀고도 높은 곳에 있어서 그곳을 첫 번째 코스로 잡았다.

165,000위에 해당하는 순국선열과 호국영령 묘역은 가지런히

정돈된 채 을씨년스럽게 가을 햇살을 내려받고 있었다. 묘역의 슬픔을 알 리 없는 까치 한 쌍만이 묘비와 묘비 사이를 오가며 신나게 술래잡기 중이다. 중간중간 멈춰 서서 묘비 앞에 넘어져 있는 화병들을 똑바로 일으켜 세워놓는다. 아마도 짓궂은 까치의 장난 또는 비바람에 의해 넘어졌을 테다. 넘어져 있는걸 보고도 차마 발걸음을 뗄 수가 없다. 일부로 묘역 깊숙이까지 들어가 화병을 세우며 그분들의 슬픔을 달래고 넋을 위로한다. 묘비 각 기마다 저마다의 사연을 알 수 없는 이름 석 자와 순국 장소, 순국 일자만이 동족상잔의 비극과 시대적 아픔을 말해주고 있을 뿐이다.

박정희 대통령과 육영수 여사의 묘에 다다랐다. 입구 좌측에 대한애국당 글자가 적힌 키 큰 조화와 일부 참배객들이 눈에 띈다. 잠시 동안 묵념 후 입구 방명록에 글을 남긴다.

'경제 부흥의 대통령, 총탄의 아픔은 잊으시고 영면하소서!'

공과 과는 역사가 평가하리라! 더 주석을 달고 싶지 않다.

간단한 참배 후 김대중 대통령 묘역으로 이동했다. 가는 길에 박정희 대통령 서거 당시 운구했었던 운구 차량도 전시되어 있었는데 눈길을 끈다. 김대중 대통령 묘역! 역시나 묵념 후 방명록에 글을 남긴다.

'민주주의와 국민을 섬겼던 대통령! 감사합니다.'

98년 3월 7일 육군소위 임관 당시 성남 학생중앙군사학교 임관식장에서 대통령으로 뵈었던 분이라 맘이 더 애잔하고 쓰리다.

다음은 이승만 대통령과 프란체스카 여사 합장묘!

이번 방명록엔 이렇게 글을 남겼다. '혼돈의 시대, 격변의 시대를 이끈 대한민국 초대 대통령!' 분단의 상징 인물임을 지적하기 전에 그분은 자유민주주의를 최초로 도입하고 지켜내신 공이 크시다.

마지막으로 도착한 김영삼 대통령 묘역! 가장 최근에 조성한 묘역이어서 그런지 요란하지 않고 차분하다. 난 그분이 남기신 유명한 어록을 현 경제 상황에 빗대어 이렇게 방명록에 남겼다. '새벽이 왔습니다. 하지만 아직 어두운 아침을 밝혀주소서.'

기는 충분히 받았다. 또 가족과도 공유했다. 이제 무슨 일을 다시 시작하든 잘 해낼 것만 같다. 김해 봉하에 있는 노무현 대통령 묘역도 조만간 다녀오리라!

난 대학교 초년시절 소위 말하는 열렬한 운동권 학생이었다. '녹두대'라 하여 최선봉에 서서 화염병 및 돌도 투척했었고 독재정권 타도와 민주주의 부활을 붉은 깃발 아래 외쳤었다. 그러나 대학교 3학년 장교후보생이 되어 군 생활을 준비하면서부터는 철저한 반공주의자로 국가적 애국심에 불타 사회주의자들을 격멸했었다.

그럼 지금의 난 뭔가? 난 좌도 우도 아니요, 진보도 보수도 아니며, 자유주의 신봉자도, 민주주의 신봉자도 아니다. 여당인 민주당을 지지하지도, 야당인 한국당을 지지하지도 않는다. 그저 경제 상황이 좋아져 모두가 잘살고, 웃을 수 있고, 안전하고 공정한 세상을 꿈꾸는 철저한 시민주의자다.

누가 누구를 욕하고 누가 누구의 허물을 감싸겠는가? 역대 대통령들이 그랬던 것처럼 진보 대통령이나 보수 대통령이나 그들의 공과는 각각 있으며, 조선 시대 대부분의 왕들 또한 적통 여부에 관계없이 그들의 업적에 따라 역사에 길이 남을 왕과 그렇지 않은 왕으로 이를 후대가 평가하고 있다. 나 또한 허물이 있으며 잘난 점도 있다. '정저지와' 우물 안 개구리가 바라보는 하늘이 어찌 우주 전체라며 다른 이들을 책할 것인가?

지금 경제가 심각한 침체기에 빠져있다. 더는 진보와 보수가 당리당략에 빠져 편 가르기를 해서는 안 된다. 1997년 외환위기를 이겨냈던 것처럼 모두의 지혜를 모아 이 위기를 탈출해야 한다. 경제를 살리고 안보를 튼튼하게 하여 통일 조국의 시대를 준비해야 한다.

조선 시대의 성군이셨던 세종대왕과 정조대왕처럼 경제부흥, 애민 애족, 국가안보를 강력히 이끌어줄 진정한 왕, 우리의 대통령이 그리워지는 시점이다. 어쨌든 지금은 현 대통령을 믿고 기다려야 할 때다.

그러고 보면 난 왕이 될 상은 아니었나 보다. 지금부터 시작하기에도 너무 늦었다. 그때 선생님이 왜 꿀밤을 때리셨는지도 알겠다. 난 하다못해 집에서조차 왕으로 군림하지 못했다. 요즘 세상에 왕 노릇 했다가는 자칫 이혼감이자 쫓겨나기에 십상이다. 이럴 땐 어부인께 수렴청정 받는 대군 역할이 훨씬 편하고 좋다. 왕 안 하길 참 잘했다는 생각이 든다.

2018년 11월 14일 수요일

After…

왕도 누구나 할 수 없다. 너도나도 왕만 하려 한다면 누가 명을 받들고, 누가 견제한단 말인가? 그리고 아무나 되어서도 안 된다. 역사는 말해주고 있다. 잘못된 왕 밑에는 항상 불쌍한 백성들만 있었다는 것을… 확률 낮은 어리석은 왕이 되기보단, 확률 높은 지혜로운 국민이 되어 보는 건 어떨까?

2019년 6월 14일 평생을 여성인권운동가로 사시며 김대중 대통령 영부인이셨던 이희호 여사가 남편 곁에 안장되었다.

산타클로스 강림 하셨네

"이 귀한 걸 만들어 예까지 배달해 주시니 감사하고 감사하고 또 감사합니다. 겨우내 아껴서 잘 먹겠습니다."

한눈에 봐도 팔순은 진즉에 넘기셨을 허리 굽은 백발의 노파가 현관문 앞까지 나와 연신 고개를 조아리신다. 10kg 김장김치를 직접 집안까지 넣어드리고 안부 인사를 드리며 나오는데 쉬이 발걸음이 떨어지지 않는다. 분명 누군가의 사랑받는 아내이셨을 테고, 존경받는 부모이셨을 텐데 노파의 노년은 가히 가련하기만 하다. 한날 한 달거리 양도 안 되는 김치에 저토록 기뻐하시고 감사해하시는 걸 보면 사람이 그토록 그리우셨나 보다. 외로움에 찌든 방 공기가 우리들의 방문에 금세 훈훈해졌다.

2018년 11월 24일 토요일, 오늘은 2018년 공식적으로 첫눈 내린 날로 기록될 것이다. 기록적인 혹서기의 영향 때문이었는지 작년보다도 일주일 늦게 찾아왔다고 한다. 지금쯤 내 고향 순천 죽두봉 공원 팔각정엔 첫눈 내리는 날 만나기로 약속한 연인들로 북새통을 이룰 것이다. 그들의 사랑은 뭉게뭉게 하트를 이룰 것이고, 뜨거운 애정은 금세 눈을 달달 녹여 비가 될 것이다. 그렇게 버스 정류장에서 새벽공기 마시며 가로등 불빛 사이로 퍼붓는 첫 눈을 맞으며 오래된 감상에 젖어 있을 때쯤 버스가 도착했다.

'ROTC 총동문회 배추 김장 나눔 봉사' 행사 참여공고가 밴드에 떠서 즉각 지원했다. 독거노인, 소외계층 등을 대상으로 해마다 총동문회에서 하는 봉사활동으로 그간 눈팅만 하다 참여하게 된 것이다. 개인적으로 적십자사 월 2회 헌혈과 유니세프에 매월 정기금 후원, 저소득층을 대상으로 한 중고물품 무상 공급 등 간접적 봉사는 꾸준히 해왔으나 오늘처럼 직접적으로 참여하긴 처음이다. 그래서 더더욱 설렌다. 간밤에도 잠을 설쳐 솔직히 비몽사몽이다.

행사 장소인 서초 섬들 근린공원에 도착하니 그새 세상은 하얀 눈의 겨울왕국이 되어 있었다. 금방이라도 엘사가 튀어나와 'Let it go'를 부를 것만 같다. 제법 일찍 도착한 몇몇 우리 동기 일행은 갓 뽑은 아메리카노 한 잔에 추위를 녹이며 눈이 쌓이는 소리를 감상했다. 뽀드득뽀드득 소리를 내며 눈 위를 긷는 주민들의 발소리가 귀를 간지럽힌다. 마치 영화 러브레터의 '나카야마 미호'가 어디선가 나타날 것만 같은 착각을 불러일으켜 준다.

'나카야마 미호' 대신 여러 동문 선후배들이 먼저 행사 장소에 집결했다. 눈을 맞지 않는 구름다리 안쪽으로 접이식 책상을 붙여 약 30여 미터의 길이로 만들고 그 위에 비닐을 깔았다. 그리곤 미리 준비한 절임 배추와 양념을 2대 1 비율로 하여 테이블마다 비치시켰다. 어떤 동문은 자녀를 포함한 가족들도 모두 참여하여 행사의 흥을 돋운다. 저마다 위생 도구를 갖추고 김칫소를 잘 버무려 김장을 시작한다. 2.5t 분량의 방대한 양도 약 50여 명의 손놀림 속에 빙산이 녹듯 금세 허물어지고 있었다. 나 또한 매년 집안 내 김장 때 팔을 걷어붙이고 도왔던 터라 자신이 있었다. 중간중간 뜯겨나간 배추 자투리들은 각자의 입속으로 직행이다. 애어른 할 것 없이 제 얼굴마다 여기저기 덕지덕지 묻은 양념 화장은 절세 미인보다도 화려하다. 여기서 얼굴이 깨끗한 사람은 좀 전에 시작 전 아이들이 공원에 만들어놓은 눈사람들뿐이다.

여러 기관단체에서도 많이들 나오셔서 격려를 해주신다. 오늘 직접 김장을 하고 포장하여 배송까지 마칠 수 있도록 서초구에서도 많은 도움을 주셨다. 또한 인근 저소득층 리스트들도 부여받았다. 10kg 단위로 박스 포장을 한 후 공터에 쌓으니 제법 탑처럼 모양새가 갖추어져 갔다. 김장이 모두 끝나고 우린 그 사랑의 탑 앞에 모여 기념촬영을 했다. 모두가 행복하고 웃음이 떠나질 않는다. 동장군 추위와 쌓인 눈도 우리들의 온기에 기가 죽었다. 기수별로 구역을 나누어 배달을 시작했다. 우리 36기 6명이 담당할 구역은 도보 15분 거리의 아파트 100여 세대!

그들에게 조그마한 상처라도 드려선 안 되며, 봉사가 값싼 동정심으로 비추어선 안 된다. 그저 오늘 추위 속에 눈을 맞으며 열심히 김장의 온기를 나눈 사랑만 전해드리면 된다. 맨 끝 층부터 분담하여 10kg 박스를 각자 들고 각개격파 작전을 펼쳤다. 선 연락 후 방문 드렸건만 자택에 아무도 안 계신 댁은 현관 입구에 두고 대신 글로서 따뜻함의 인사를 남겼다. 대다수가 70 이상의 노인들이셨고 또는 지체장애인들이셨다. 소속과 취지를 잘 설명해드리며 따뜻하고 건강한 겨울을 나시길 기원했다. 저마다들 어떤 사연으로 여기에 사시는 걸까? 생각해보면 가슴이 아려온다. 이들은 우리 사회가 끝까지 안고, 보듬고, 지켜드려야 할 우리 사회의 역사이시다.

마지막 댁까지 배달을 마치고 현장으로 돌아와 오후 2시쯤 늦은 노천 점심을 먹었다. 배달 양이 많았던지 우리 기수의 식사가 거의 마지막이다. 뜨뜻한 육개장 국물이 끝내준다. 밑반찬 하나 없어도 지금, 이 순간 산해진미가 따로 없다. 당장이라도 커다란 솥에 남은 육개장 들고 명동에 나가 팔면 대박일 듯싶다. 이때 두 그릇을 먹지 않으면 실례겠지? 허기와 추위가 동시에 가셨다.

식사 후 인사드리고 출발하려는데 봉사단 회장 선배님이 동기들에게 남은 김치를 조금씩 골고루 싸주신다. 손사래를 치며 뒤돌아서도, 가는 손 억지로 붙들며 쥐여 주신 채, 어서 가라 손짓하신다. 실상 그분들이 하나부터 열까지 모두 계획 및 준비하셨고 우리들은 그다지 한 게 없었다. 어느 천만 배우가 그러지 않았던가?

"전 아무것도 한 게 없습니다. 스태프들이 차려놓은 밥상에 그저 숟가락 들고 열심히 밥만 먹었을 뿐입니다."

그들이야말로 2018년의 진정한 산타클로스다. 오늘 그분들이 강림하셨다.

돌아가는 길 봉사의 보람과 뿌듯함, 수여자분들의 행복감에 지하철 내에서 나도 모르게 연신 미소를 짓는다. 까짓거 미친놈 소리 들으면 어떠하리? 생에 나의 첫 봉사였던 오늘 하루! 따뜻하면서 추웠던… 그러면서 첫눈 내린 요상하고 달콤한 하루였다.

그나저나 집사람과 아이들이 내가 버무려온 김치를 맛보고 뭐라 할지 무척 기대되네!

2018년 11월 24일 토요일

After…

김치는 결국 나만 먹었다. 하필 가져온 김치가 김칫소와 양념이 거의 버무려져 있지 않은 백김치 수준이었다. 그나마 내가 가져와서 다행이다. 아마도 어린아이들의 손길로 버무린 김치인 듯싶다. 이 또한 난 맛있게 먹었다. 비록 김칫소와 양념은 없었지만 대신 행복이 그만큼 버무려져 있지 않았는가? 마지막 김치 한 줄기가 남을 때까지 그날의 뿌듯함은 계속되었다. 내년에도 꼭 다시 참석하리라!

화딱지!

업무 관계로 구청 담당자에게 집 주소를 알려줄 일이 있어 메일로 또박또박 정확히 주소와 연락처를 전송했다. 그런데 다음날 한 통의 문자가 도착한다.

"보내주신 00로 48길 12번지 주소가 잘못된 것 같으니 다시 한 번 확인 후 보내주세요"

이게, 무슨 소리? 주소가 틀렸다고? 문자에 남겨준 번호로 즉시 전화를 걸었다. 잠시 후 전화를 받았다. 며칠 전 일반전화로 통화했었던 그 여담당관 목소리다.

얼마 전 난 구청에 문의할 내용이 있어 업무차 전화를 걸었었다. 대화간 내가 다소 이해력이 떨어진 부분도 있었으나 시종일관 가르치려는 자세에 살짝 감정이 상했던 터였다. 최대한 볼륨을 낮춰 밝은 목소리로 대화를 시도했다.

"안녕하세요, 조금 전 주소가 잘못되었다고 문자 받은 서동필이라고 합니다. 주소가 어떻게 잘못되었다고 나오던가요?"

"아, 네 보내주신 00로 48길을 검색하면 00동이 아니라 **동으로 나옵니다. 그래서 제가 추가로 확인해보니 48길이 아니라 487

길이던데 그동안 잘못 알고 계셨나 봐요"

차분했지만 목소리에 가시가 잔뜩 숨어 있다. 그리고 이게 뭔 소리인가? 내가 이사 온 지 며칠밖에 안 된 사람도 아닌데 우리 집 주소도 설마 기억 못 할까? 장장 8년을 살며 얼마나 많은 우편물을 받았었는데. 도로명 주소는 분명 48길 12이고 지번 주소도 154번지가 틀림없다. 487번 길이라는 주소는 태어나서 처음 듣는다.

"그럴 리가 없을 텐데요, 저 여기서 8년째 살고 있고 그동안 모든 우편물은 다 그 주소로 받았어요."

의아해하며 난 되물었다.

"고객님, 최근에 주소 검색해보셨어요? 지금 곁에 인터넷 있으면 한번 확인해보세요? 뭐라고 나오는지. 그럼 우편번호는 알고 계세요?"

세상에! 누가 우편번호까지 기억하고 있을까? 또 최근 검색이라는 말에 혹시 정말 집 주소가 바뀌었을지도 모른다는 생각에 "그럼 확인해 보겠습니다. 감사합니다." 하며 정중히 전화를 끊었다.

재차 삼차 의구심을 제시하는 나에게 담당관은 끝까지 이렇다 할 설명 없이 주소 검색해보면 엉뚱한 곳으로 나오는데 집 주소도 하나 제대로 모르는 찌질이 취급을 했다. 당장 인터넷을 검색했다. 오타에 주의하며 차분히 자판을 두드렸다. 서울시 00구 00로 48길. 까지 검색하니 분명 우리 동이 뜬다. 상세주소인 48길 12까지 치니 우리 아파트가 친절히 표시된다. 본인이 확인했다는 487길은 아예 검색조차 안 된다. 화가 나기 시작했다. 분명 주소는 내가 알고 있는 주소가 맞다. 아니 틀린 주소를 외우고 있다는 것도 말이 안 되고 혹여 행정상 주소가 바뀌었을지라도 내가 모를 리가 없다. 당장 그 번호로 전화를 다시 걸었다.

“조금 전 주소 오류라며 통화한 사람입니다. 제가 지금 인터넷 포털에 주소 검색해보니 맞게 나오는데요, 죄송하지만 어디서 검색하신 거죠?”

나도 이제 목소리 톤이 살짝 눌러앉았다.

“몇 번을 해도 틀린 주소로 뜬다니까요, 행정자치부 주소 검색창입니다. 그럼 ××사이트도 검색해보셨어요?”

이제 나와 본격적으로 싸울 태세다. 담당관에게 난 자기 집 주소도 모르는 찌질이에, 바보에, 게다가 고집까지 센 불통의 진상 고객 취급을 당하고 있었다.

“아뇨, 그 사이트는 검색 안 해봤는데 전화 끊지 마시고 잠시만 기다려주세요.”

당장 확인해보자! 이젠 손가락까지 떨려 자판에 계속 오타가 나기 시작했다. 정말인가? 거기에선 정말 틀리게 나온단 말인가? 숨도 쉬지 않고 주소를 기입한 뒤 검색창을 클릭했다. 00구 00로 48길 12. 분명 우리 아파트 명이 뜬다. 내 눈이 잘못된 게 아닌가 다시 보고 또다시 확인한다. 우리 집 주소가 분명 맞다. 그럼 대체 여담당관은 무얼 보고 있단 말인가? 둘은 지금 동시에 컴퓨터 앞에 앉아 동일 사이트를 띄운 뒤 같은 주소로 검색 중이다. 이제 누군가는 본인의 실수를 인정해야 할 순간이다.

“담당관님, 지금 가르쳐주신 사이트에서 주소를 기입하니, 우리 집 주소가 맞게 나오는데 도대체 어떻게 된 거예요? 담당관님이 주소를 잘못 치신 게 아닌가요?"

알려준 사이트에서, 알려준 창에서 검색해도 맞게 나왔으니 이제 나도 당당함에 목소리에 힘이 가해진다. 그리고 우편번호도 두 번이나 또박또박 불러주었다. 승기는 내게로 넘어왔다. 그러나 꼬리 내릴 담당관이 아니다.

"00구 00로 48이라고 치신 거 맞나요? 전 지금 분명 **동으로 뜨고 있다고요."

이젠 전투 분위기다. 일촉즉발의 상황! 각각 상대에게로 향한 포신이 개방되어 포탄이 발사되기 직전이다. 이쯤 되면 나도 참을 만큼 참았다. 그런데 그 순간 담당관에게 주소 하나 못 외우는 바보로 낙인찍힐 뻔했던 내가 대화에서 중요한 오류를 하나 발견해냈다.

"00구 00로 48이 아니고 48 뒤에 '길'을 붙이셔야죠. 혹시 그냥 48까지만 친 거 아니에요?" 48길로 쳐보세요, 어디가 나오는지."

그렇다. 담당관은 계속 주소에 도로명주소 중 중요한 '길'을 빠트리고 검색했던 거였다. 그러니 엉뚱한 곳이 나올 수밖에. 이제 승리는 나의 몫이다. 뭐, 이긴 승리나 다름없으니 패자를 포용하는 것도 내가 보여주어야 할 자세다.

"확인하셨어요? 담당관님!"

부드럽게 계속 되물었다. 잠시 후 담당관은 확인의 답 대신 이런 말을 남겼다.

"그럼 말씀하신 대로 00구 00로 48길 12로 기록해두겠습니다"

"감사합니다." 뚜~뚜~뚜!

어이없다. 기가 막힐 노릇이다. 본인이 실수했다는 말 한마디 없이 할 말만 하고 전화를 끊는다. 아마도 본인이 내가 알려준 방법대로 검색해보니 잘못했음을 알고 순간 달아올랐던 모양이다. 사과까지는 기대 안 했지만 그래도 실수는 인정할 줄 알았다. 가타부타 아무 말 없이 그저 내가 불러준 주소로 기록하겠다는 말을 끝으로 전쟁은 허무하게 종료되었다. 내가 이겼지만 패자가 된 기분이다.

이미 난 그분에게 모든 가르침을 다 받았고, 주소 하나 모르는 바보로 전락했던 터였다. 그런데 상대는 내가 치유 받을 기회조차 없이 증발해버렸다. 앞으로도 어쩌면 계속 이해관계로 부딪쳐야 할 사람이기에 재차 전화로 항의하거나 따져 물을 수도 없다. 그냥 스스로 삭혀야 한다. 나 스스로 나 자신을 위로해야 한다.

대다수 대한민국 공무원분들은 너무 친절하시고 상냥하신 분들이 많다. 이해는 한다. 하루에 상대해야 하는 고객들 수에 미소라는 단어를 계속 유지하기는 힘들 거다. 그래도 조금만 더 낮은 자세로 고객을 대하면 어떨까? 아직도 대한민국은 낮은 자세의 공무원을 이용하려 하는 진상 고객들보다 배려하고 이해해주는 일반 시민이 훨씬 더 많다.

안 풀리는 하루다. 잠시 동안 일이 손에 잡히지 않는다.

Calm down, Calm down을 계속 외친다.

하지만 화딱지 나는 건 쉽사리 안 풀릴 듯싶다.

에이, 딱지나 접어 바닥에 패대기라도 쳐야겠다.

그러면 나의 화딱지도 어쩌면 풀리지 않을까?

2019년 3월 22일 금요일

After…

그로부터 얼마 뒤 구청에 같은 업무로 방문을 했던 난, 전화 속 목소리의 주인공을 한눈에 알아차릴 수 있었다. 그런데 뭐라 말을 붙일 수 없었다. 담당관 또한 나를 대충 짐작은 했으리라! 이제 와서 하나하나 다시 따져 무엇 하리! 사소한 문제다. 이미 그때의 감정은 풀려 없어졌다. 분노 장애라는 말은 없어져야 한다. '분노를 다스리는 15의 법칙'이 있다 한다. 분노 호르몬은 15초면 정점을 찍고 조금씩 분해되기 시작하여 15분이 지나면 거의 사라진다고 한다. 이미 우린 평범한 공무원과 민원인의 사이가 되어버렸다.

나는 751210이라고 해

“주민등록번호 앞 6자리를 누르시고 확인 버튼을 눌러주세요” 요즘 여러 인증 절차 중 반드시 요구되는 기계적 멘트로 은행을 가든, 관공서에 가든, 인터넷 쇼핑을 하든 우리 주위에서 쉽게 들을 수 있다. 우린 어느 순간부터 고유의 이름 대신 숫자 몇 개를 누르고 나서야 그들의 시스템 속으로 비로소 입장을 허락받고 있다. 또한 인주 묻힌 지문을 찍는 대신 전자 지문 인식 시스템으로 바뀌었고, 얼굴과 신분증으로 확인하는 대신 홍채 인식 시스템으로 바뀌고 있다. 이제 주민센터에서 그 흔한 등본 한 통 떼는 데도 무인자동 출력기에 손가락으로 몇 번 누르기만 하면 자동으로 쏠려 나오는 세상이니 빨라도 이렇게 빠를 수가 없다. 센터 주무관과 눈인사 나눌 기회도, 자리에서 순서를 기다리며 잡지를 읽는 시간도 점점 사라져가고 있다.

난 1975년 12월 10일 혹한의 한겨울에 태어났다. 어머니는 지금도 한 번씩 그날의 추위와 산통에 뼈가 바근바근 녹아내렸다며 나의 큰 머리를 쥐어박으시곤 한다. 내 이름은 할아버지께서 지어주셨다. 달성 서씨(氏) 본관에 동녘 동(東), 반드시 필(必)! ‘동쪽에서 반드시 필요한 사람이 되어라'는 큰 뜻이 있으나 어릴 적엔 다양한 별명을 양산할 수 있었던 내 이름이 싫어서 자칭 '동길'이라는 이름으로 불러 달라 친구들에게 세뇌시키기도 했었다. 그러나 종이와 펜으로 기록되는 시대는 가고 4차 디지털 산업의 시대가 옴에 따라 내 이름 석 자가 대외적으로 불리고 쓰일 기회도 그만큼 줄어 들어가고 있어 아쉽다. 오늘만 해도 난 세 번이나 이름 대신 751210을 입력했다. 난 어느 순간부터 서동필이라는 이름 대신 751210으로 불리고 있었다.

75년 우리 토끼띠 세대들은 오일쇼크 파동으로 물가가 급등하고 시장이 불안한 시대에 태어나 격동의 70년대와 80년대에 유년기를 보냈다. 초등학교 졸업 해인 1988년엔 24회 서울올림픽이 개최되었으며, 1993년엔 첫 회 대학수학능력시험의 실험대상자가 돼야 했다. 1994년 대학 1학년 때는 김일성 사망으로 전쟁 위기를 겪었고 1997년엔 IMF의 위기를 견뎌내야 했다. 아등바등 직장 잡고 결혼해서 좀 살아볼까 했더니 2008년 미국발 금융위기로 터전과 직장을 함께 잃기도 했다. 우리 75년 세대는 토끼가 눈 내린 혹한의 설산에서 땅굴 파고 버티듯 그 험한 세월을 뚫고 지금까지 잘 견뎌내어 왔다. 나 또한 그 살벌한 전쟁터에서 살아남아 여기까지 왔다.

"751210, 너도 충분히 잘 살아왔어! 넌 무슨 일이든 최선을 다해왔고 어디서든 인정받았어. 지금까지 너의 삶에 박수를 보낼게. 앞으론 좀 더 여유를 가지고 주위를 돌아보며 살면 어떨까?" 내 안의 자아가 열심히 살아온 날 칭찬해 준다. 그렇다. 난 여태

껏 이름처럼 '동쪽에서 반드시 필요한 사람'이 되기 위해 치열하게 살아왔다. 그럼 과연 그 동쪽은 어디를 말하는 걸까? 이제 인생의 거의 중반쯤에 다다른듯싶다. 앞만 보고 달려온 인생의 전반전! 후반전엔 과연 어떤 삶이 기다리고 있을까? 바통을 아들에게 넘겼다. 이제 목청껏 노래를 부르며 아들을 응원도 하고, 시원한 사이다 한잔에 뭉친 근육도 풀련다. 봄 운동회의 백미는 역시 400 계주인 듯싶다. 넘어지지 않고 바통만 놓치지 않으면 반드시 중간은 가는 지극히 결과가 웬만큼 보장되는 스포츠니까. 아들은 멀찍이 트랙 바깥을 돌며 다른 이와 발도 걸리지 않을 것이며, 가슴속에 숨겨둔 바통을 흘리지도 않을 것이다. 아들은 잘 달릴 것이다. 내가 그래왔던 것처럼.

751210! 다음 종목 출전할 준비 해야지.

다음 종목은 '장기자랑'이다.

2019년 4월 10일 수

After…

내가 출전할 경기종목은 이미 결정되어 있었다. 어쩌면 지금, 이 순간도 예열하며 준비하고 있는지 모르겠다. 하지만 순위에 연연하지 않기로 했다. 지금까지 경기는 타에 의해 어쩔 수 없이 진행된 경기였다면, 다음 경기는 내가 선택한 행복하고 아름다운 경기니까. 이제부터 나의 장기를 펼쳐보자! 동쪽에서 솟아오르는 태양처럼 찬란하게, 고요하게, 따뜻하게…

2. 강제 휴가

1994년 강력 무더위 때 김일성사망으로 강제휴가를 보냈다면,
2018년 강력 무더위 땐 예기치 못한 교통사고로 역시 강제휴가를 보내고 있다.
두 번의 무더위 때 과거의 나와 현재의 난 평행이론을 이룬듯하다.

세월호에 묻힌 꽃들이여

2014년 4월 16일 수요일, 아침밥을 먹으며 TV를 보고 있는데 뉴스 속보가 뜬다. 수학여행을 떠나는 안산 단원고 학생 325명을 포함해 총 476명을 태우고 인천에서 제주도로 향하던 대형 여객선이 진도 앞바다에서 침몰 중이란다. 화면은 30도쯤 기울어져 있던 '세월호'를 비춰주고 있었고, 해경과 인근 어선들이 열심히 구조작전을 펼치는 장면도 함께 나왔다. 약 7천 톤급의 어마어마하게 큰 배가 어떻게 침몰할 수 있지? 안타까움과 의구심을 떨치며 아직 침몰 전이니 충분히 인명피해 없이 구조할 수 있을 거라 별다른 걱정을 하지 않으며 매장으로 출근을 했다.

그렇게 준비된 업무를 마치고 인터넷을 보는데 사망자가 발생하고 있다며 전체가 관련 뉴스로 도배되어 있다. "뭐야? 모두 구출된 게 아니었어?" 놀란 눈으로 와이프와 TV를 켜고 현재 진행 상황과 피해 상황을 알려주는 속보에 시선을 담았다. 구명튜브를 입은 승객들을 꾸준히 구출하고 있었으나 많은 인원에 비하면 배 밖에서 나와 있는 사람은 거의 없다. 이미 배도 밑바닥이 드러날 만큼 옆으로 상당히 뉘어있었다. 잠시 후 승객 일부 몇 명의 사망을 제외하고 전원 구출이라는 속보가 떴다. "그러면 그렇지! 그래도 천만다행이네!"라며 안타깝게 뉴스를 지켜보고 있는데 상황이 불길하게 돌아감을 느꼈다. 인근 섬으로 구출되어 나온 학생과 승객들의 수가 너무나 적었기 때문이다. 그렇다. 전원 구출 속보는 오보였다. 배 안에 탈출 못 한 대다수의 승객이 남아있다고 한다. 배는 이미 뒤집어져 가라앉고 있는데 해경은 배 주위만 빙빙 돌며 물 위에 떠 있는 승객들만 구하는 데 여념이 없었다.

선장과 선원들은 배가 기울어지자 상부에 보고 후 선내탈출을 지시한 대신 "선실 내에 구조대가 올 때까지 가만히 움직이지 말고 계세요."라며 방송을 했다. 대다수의 승객은 그게 본인들이 구출될 수 있는 최선책이었음을 굳게 믿었다. 그러나 시간이 지나도 구조대는 선내진입을 하지 않았다. 또한 선장과 선원들은 끝내 탈출 지시 없이 승객들만 남겨 두고 본인들만 탈출했다. 승객들은 아비규환의 절규를 토해냈을 것이고, 걷잡을 수 없이 기울어진 선내로 쏟아져 들어오는 바닷물에 숨도 쉴 수 없었으리라! 그렇게 대한민국의 해경과 선장을 믿었던 그들은 그대로 차디 차가운 바닷속에 수장되었다.

사망자 295명. 실종자 9명의 대형재난 사고가 발생했다. 국가의 콘트롤 타워는 부재했고 현장 지휘자는 미숙했으며 선장은 도망치기에 바빴다. 희생자의 대부분은 제주도에 들뜬 맘으로 수학여행을 가던 안산 단원고 2학년 학생들이었다. 어처구니없는 사고에 대한민국은 모두가 분노했고 슬퍼했다. 가족을 잃은 부모와 형제들은 현지와 가까운 진도체육관에서 끝까지 허술하기 짝이 없는 구조상황을 보며 울분을 삼켜야 했다.

국가는 뒤늦게서야 재빠르게 움직였다. 현지 상황실을 개설하고 진도체육관에 실종자 가족들의 합동 거처를 마련하였으며 안산시 올림픽 기념관에 합동분향소를 마련하였다. 최초 조난 시에도 이렇게 빨리 대응했었더라면 이런 비극적인 참사는 막았을 것이다. 슬픔과 분노 앞에 국가도 국민들도 모두가 죄인들이 되었다. TV를 지켜보며 아무것도 해 줄 수 없었던 무기력한 나 자신에게도 화가 났다. 곧이어 안산 시민들뿐만 아니라 단원고 재학생들, 여러 정치 재계 문화인들의 조문이 이어졌다. 해저 47m 바닥에 모로 누워있는 세월호의 혹시 모를 에어포트에 생존자가 있을지 모른다는 실종자 가족들의 실낱같은 소원에도 불구하고 구조수색은 요원했다.

어제가 아들의 12살 생일이었다. 몇 년 후면 아들도 고등학생이 될 터이다. 동년배의 자식을 키우는 부모로서 특히나 안산고 피해 학생들의 부모 심정을 생각하자니 연일 방송되는 뉴스 속보를 볼 때마다 가슴이 찢어지고 울분을 주체할 수가 없다. 매장 일이 너무나 바쁘고 지쳐 피곤해도 안산에 조문하러 다녀오기로 했다.

교통체증을 피해 아들날을 새운 후 이네와 함께 새벽 두 시에 안산 합동분향소로 향했다. 안산에 들어서면서부터 도시 전체의 슬픔은 온몸을 적셔왔으며, 헤아릴 수 없이 많이 걸려있는 애도 현수막과 노란 리본은 이번 사고를 피부로 더욱 실감케 했다. 소리 없이 내리는 이슬비는 필시 하늘도 슬퍼하여 흘리는 눈물일 거다. 몸과 마음이 무거워 발걸음을 떼기가 너무나 죄송스러웠다. 차가운 밤공기와 축축한 이슬비는 두려움과 함께 공포까지 느끼게 했다.

새벽 시간임에도 불구하고 조문객들이 줄을 길게 이어 서 있었고, 상복을 차려입으신 단원고 학부모님들이 정중히 조문객들을 맞이하고 있었다. 기념관 내에 들어서자 공간을 가득 채우고 있던 수백 개의 희생자 영정들, 각기 단체에서 보낸 조화가 시선을 가득 압도했다. TV에서만 보던 그 안타까운 현장에 직접 서니 온 사지가 마비된 듯 계속 떨렸다. 한 영정이 내려다보이는 차가운 체육관 바닥에 단원고 학생 어머니로 보이는 분이 주저앉아 깊은 오열과 통곡을 하고 계신다. 헤아릴 수 없는 슬픔의 깊이에 조문객들 또한 함께 눈물을 흘린다. 침묵 속에 조용히 묵념을 울리고 다시 한번 희생자들의 넋을 위로한다. 모두가 잠든 이 밤, 숨소리조차 들리지 않은 적막을 뚫고 한 어머니의 애절한 절규와 슬픔만이 기념관을 감싸고 있었다.

대형스크린에선 희생자 사진들이 추모 음악과 함께 계속해서 흘러나오고 있었다. 꽃도 피지 못하고 져버린 수많은 단원고 학생들을 보니 목이 메어와 다시 한번 눈물을 삼켜야 했다. 누가 이들을 이토록 사지로 몰았단 말인가? 구조를 믿고 기다렸던 그들을 왜 우리들은 외면했단 말인가? 남겨진 자들의 슬픔과 분노는 어떻게 치유할 수 있단 말인가? 안산 올림픽 기념관엔 대답 대신 용서와 영면을 바라는 끝없는 분향행렬과 4월의 슬픈 봄비만 야속하게 대지를 적시며 희망의 빛을 삼키고 있었다.

합동 분향소 건너편에 있는 단원고로 이동했다. 희생자들이 수도 없이 오르내렸을 교문 진입로 백여 미터 길이에 셀 수 없이 많은 노란 리본이 나무, 화초마다 여기저기 묶여 있다. 버스정류장 뒤편엔 희생자들을 추모하는 메모지, 각종 조화품, 음식물들이 가득 놓여 있었다. 굳게 닫힌 교문은 이 국가의 구조시스템과 일부 책임자의 윤리의식도 함께 닫혀 있었다. 아이들의 웃음소리도 더는 들리지 않았다.

추모 메모지를 하나씩 천천히 읽으며 흐느껴 우는 사람들 사이로 나도 메모지와 펜을 꺼내 들었다. 그들에게 해줄 수 있는 마지막 이야기를 적어 내려갔다. 밝게 웃으며 떠났던 여행이 부모 곁을 떠나는 마지막 여행이 될 줄 누가 알았단 말인가? 물이 차오르는 그 순간까지도 그들은 살 수 있을 거라 믿었을 것이다. 그러나 한순간 숨을 멎게 하는 바닷물의 유입에 눈물조차 흘리지 못하고 엄습해오는 죽음의 두려움 속에 떠나갔을 것이다. 헤어질 시간도 헤어질 준비도 없이 그들은 세월호에 묻혀버린 꽃들이 되어버렸다. 이 원통함과 허망함을 어디에서 풀 수 있으랴!

이슬비로 내리던 봄비가 갑자기 거세게 내리기 시작했다. 희생자분들과 유가족의 눈물이 마를 겨를 없이 하늘에서 마구 쏟아져 내린다. 그 비를 피하는 것조차 죄스러워 비를 맞으며 글을 써 내려갔다. 이 나라를 용서하고 못난 어른들의 용서를 빌었다. 또한 아직도 깊은 바닷속 세월호 선내에는 차디찬 바닷물에 덜덜 떨고 있을 어린 희생자들이 많다. 한시바삐 온전하게라도 발견되어 가족들 품으로 돌아올 수 있도록 노란 메모지에 내 간절함을 가득 담았다.

첨이다. 내가 모르는 누군가를 위해 조문하고 참배하러 현장에 직접 찾아온 것!! 그만큼 세월호의 침몰은 너무나 안타깝고 분노스러운 사건이었다. 세월호엔 국가도, 사회도, 정부도 아무도 없었을 만큼 총체적인 침몰이었다. 그랬기에 도저히 가만히 앉아만 있을 수 없었다. 특히나 수많은 목숨을 내팽개쳤던 세월호 선장 및 선원, 사고 후 엉터리 수습과 무개념 행동으로 도마 위에 올랐던 정부 기관 및 일부 당직자들의 행태를 도저히 용서할 수 없다.

삼류 국가와 삼류 사회에 속해 있는 불쌍한 우리 국민들! 그런 국가와 사회가 모든 걸 보호해주고 책임져주고 구해 줄 거라 믿었던 착한 우리 희생자분들. 다시 한번 그분들의 영면을 빈다. 이번 사고로 억울하게 유명을 달리한 단원고 어린 학생들 및 희생자분들께 이 사회의 일원으로서 정말 미안하고 죄송스러운 슬픈 맘을 안고 그분들의 그칠 줄 모르는 눈물을 가득 맞으며 서울로 돌아왔다.

며칠간 생채기 후유증에 몸이 성하지 않을 듯싶다.

2014년 4월 27일 일요일

After…

참사 3년여 만에 세월호가 인양되었고 희생자분들도 대부분 수습되었다. 최종 사망 304명, 실종 5명의 치욕적인 국가적 재난 사고로 기록되었다. 며칠 전 광화문에 설치되어 있던 세월호 천막이 모두 철거되었다. 팽목항에 있던 구조물도, 안산 기념관의 영정들도 모두 자리를 감추었다. 이제 모든 것이 그렇게 종료된 줄 알았다. 그런데 새로운 뉴스가 메인을 장식하기 시작한다. 세월호 내 CCTV 저장장치를 누군가가 조작했다는 것이다. 도대체 무얼 감추고 싶었던 걸까? 대체 언제쯤 깔끔하게 한 점 의혹 없이 모든 아픔이 정리되고 치유될 수 있을까? 너무도 답답한 노릇이다. 세월호 영령들이 아직도 이승을 떠나지 못하고 있다는 것을 당신네는 알고 있는가? 이제 진정으로 답을 해야 할 차례이다.

광복군의 후예들이여

조국이 광복된 지 30년이 지난 1975년 우리들은 태어났고, 어느덧 세월이 흘러 불혹이 되던 해인 2015년 광복 70주년을 맞이했다. 뜻깊은 해를 맞이하여 정부는 광복절 전날을 임시공휴일로 지정하고 문화재 무료 개방 및 당일 전국 고속도로 통행료를 무료로 한다고 한다. 하여 가뜩이나 침체하여 있는 내수 경기 활성화 및 소비촉진에 기여해 그 광복 70주년의 의의를 더할 계획이라고 밝혔다.

방송 매체에서는 온종일 광복 70주년 관련 뉴스거리들을 쏟아낸다. 이런 대대적인 홍보에도 불구하고 주변 아파트 및 상가에 태극기가 걸려있는 집이 보물찾기 수준이다. 대다수의 국민들은 그저 오늘은 어제와 내일과 다를 바 없는 365일 중 하루일 뿐인 듯했다. 남들도 안 하는데 굳이 왜 우리가 나서서 귀찮게? 달콤한 연휴를 맞은 우리들은 늦은 하계휴가를 즐기거나, 가족들과 외식을 하거나, 여행을 가거나 하는 등 각자의 보너스 같은 휴식을 즐겼다. 반면 아침에 태극기를 게양하며 가슴으로 이날을 맞이했던 사람도 있었을 거다. 아차 하며 우리 집도 늦은 태극기를 게양한다. 시간은 오전 11시!

영화 '암살'을 며칠 전 친구들과 함께 극장에서 봤다. 아직도 청산되지 않은 일제 치하에서의 슬픈 역사와 평온한 오늘을 보며 씁쓸함을 감출 수가 없다. 광복 이후 6·25동란을 거치며 한반도는 상처투성이가 되었고, 그마저도 이념과 사상의 울타리에 갇혀 두 동강이로 갈려야 했다. 지금의 세계 경제 10대국의 반열에 오르기까지 힘을 보탠 많은 이들 중에는 과거의 친일 매국노도, 항일독립군도 수없이 존재했을 것이다. 그들의 공과를 과거와 대조하여 일일이 따져 신상필벌을 묻는 것도 한계가 있다. 아픈 역사에 계산기를 두드리는 것 또한 슬픈 현실이기 때문이다. 후대의 우리가 염석진을 도려내는 것도, 안옥윤을 발굴하는 것도 역사적 판단에 맡겨주자! 다만 청산 프레임에 갇혀 광복 이후 이념대결의 양상을 또다시 보여줘서는 안 된다. 또한 자칫 좌우 프레임에 휘둘려 그들의 입맛에 맞는 평가만 이루어지는 것은 더더욱 안 된다.

그러나 반드시 우리가 기억해야 할 것이 있다. 솔직히 우리는 누가 친일이고 반일인지 또 어떻게, 어느 역사까지 청산해야 하는지에 대해선 깊게 생각해 본 적이 없다. '청산'이라는 아젠다에 무료해져 있는 시점이다. 예컨대 40줄에 들어선 우리는 한 직장의 중간 간부이거나 한 가정의 가장으로 먹고살 거리가 더 걱정이기 때문이다. 높아만 가는 집값 걱정과 물가 걱정, 호주머니 걱정 등이 이념, 사상, 자유, 민주라는 단어 등에 비견 될 수 없다. 지금 우리의 사명은 병든 국가로 인해 희생당해야 했던 우리 국민들을 기억하는 것이다.

경기도 광주 퇴촌! 거기에는 '나눔의 집'이라는 곳이 있다. 일제의 강제연행으로 끌려가셨던, 줄잡아 수십만 명의 조선의 꽃다운 처녀들이 전쟁터에서 위안부라는 이름으로 유린당했다. 이들 중 정부에 공식 등록된 위안부 할머니들은 230여 분으로 1998년 뜻있는 분들이 힘을 합쳐 민간자원으로 '나눔의 집'을 설립했다. 현재는 생존해계시는 47명 중 다수의 인원이 그곳에 기거하시고 계신다.

김학순 할머니는 1991년 평생을 가족들에게 숨겨가며 홀로 아픔과 고통을 감내하고 숨어 지내시다 용기를 내셔서 세상 밖으로 위안부의 실체를 최초로 알려주셨던 분이다. 매주 일본 대사관 앞에서 수요 집회를 하시고 각국을 돌며 일제의 만행을 고발하는 등 적극적인 활동을 하고 계신다. 그분들이 요구하는 건 일본의 진심 어린 사과와 정신적, 육체적 보상이다. 하지만 시간이 지날수록 생존자 수는 줄어 들어가고 있으나 지금까지도 일본의 직접적인, 아베의 가슴 어린 사과는 없다. 되려 강제동원이 아닌 우리의 자발적 동원이었다며 역사 왜곡의 만행을 아직도 국제사회에 서슴지 않고 저지르고 있다.

아주 오래전부터 난 여기를 가보고 싶었다. 방문하여 봉사도 하고 말벗도 되어드리며 그들의 외로움을 잠시나마 달래주고 싶었다. 근데 혼자라 쉽지가 않았다. 단체봉사도 수개월 전 예약을 통해야만 가능하다고 했다. 사회적 관심도가 예전보다 높아진 건 부인할 수 없다. 절차가 까다로운 것도 이해한다. 누구나 언제든지 찾아가 봉사라는 명목으로 대부분 고령이신 그분들을 오히려 피곤하게 만들 수도 있기 때문이다.

난 그분들과 연배가 비슷하신 할머니가 계신다. 우리 할머니도 자칫 끌려가실 뻔하셨다는 말씀을 하셨고, 실제 동네 언니 몇 분들이 끌려가셔서 돌아오지 못했다고 했다. 일제는 가난한 시골 처녀들을 대상으로 돈을 벌 수 있다며 강제유인을 했다. 할머니가 70여 년도 넘은 세월의 기억을 온전히 기억하고 계신다는 건 아직도 일본 정부가 우리 강제동원 피해자들에게 사과와 용서를 받을 기회가 남아있다는 이야기일 터! 이제 그 시간도 얼마 남지 않았다.

우린 오늘 달콤한 하루를 보냈다. 연휴라 생각하며 쉬이 보냈던 오늘 하루가 그녀들에겐 치욕의 날이자 목숨과도 맞바꿀 수 없었던 통한의 역사였을 것이다.

우리들은 모두 자칭 타칭 광복군의 후예라고 한다. 그러면 일제 치하에서 고통받으셨던 이러한 위안부 할머니들을 포함하여 강제노역 노동자들 등 역사의 한 페이지에 기록조차 안 되어 있는 수많은 분을 기억해야 한다. 그들이 있었기에 내가 있었고, 내 조국이 있을 수 있었기 때문이다. 그래야 후손들도 별 볼 일 없는 우리를 기억해주지 않을까?

오늘은 대한민국 광복 70주년이 되는 '광복절'이다.

2015년 8월 15일 토요일

After…

지난 2019년 3월 1일, 국가적으로 3·1절 백주년의 행사가 성대하게 펼쳐졌다. 서대문 형무소 앞은 행사에 참여하기 위한 단체와 시민들로 인산인해를 이루었다. 하지만 거기까지 뿐!

아파트며, 주택이며, 상가며 태극기 게양한 곳을 찾는 게 해운대 백사장에서 바늘 찾기 수준이다. 우리의 의식 수준은 아직도 잠자고 있다. 이제 깨어나야 한다. 우리들이 깨어 있어야 저들도 감히 우리 것을 노릴 수 없을 것이다. 자칫 방심하다 경술국치의 치욕스러움을 또다시 당하지 않는다는 보장을 어떻게 할 수 있으리? 이제 생존 위안부 할머니도 스물한 분밖에 남지 않았다.

불이야 불이야

"불이야!! 불이야!!"

예년보다 일찍 찾아온 더위에 짜증이 고조되는 지난 어느 6월 밤이었습니다.

남편은 최근 40도가 넘는 고열에 먹는 것마다 모두 토하고 설사하며, 차마 눈 뜨고 보기 힘들 정도로 아팠습니다. 병원에서 조제해준 처방 약들은 전혀 차도가 없었습니다. 건강이라면 평소에 자신 있어 하던 남편이었습니다. 생전 처음 걸려본 병증이라 큰 병원에서 진단 나오기 전까진 혹 40대 이른 나이에 찾아온 불치병은 아닌지 무척 불안하고 걱정했습니다.

사실 저도 그때가 하필이면 생리통이 극점에 달해 온몸이 쑤시고 머리도 깨질 듯 아팠지만, 남편 앞에선 힘들다고 티를 낼 수도 없었습니다. 결국엔 남편은 병원에 입원하였고 장염이라는 진단을 받았습니다. 3일 만에 겨우 기력을 회복하고 5일 만에 조건부 가내 치료 조건으로 퇴원까지 하였습니다. 퇴원 날 기진맥진 약에 취해 더위에 취해 온 가족이 깊은 잠에 빠져 있을 그날이었습니다.

잠을 청한 지 얼마나 되었을까요? 두세 시간쯤 시간이 흘렀나 봅니다. 갑자기 평소에 제 귀에 익은 사이렌 소리가 들리기 시작하였습니다.

위잉!!!!!!! 위잉!!!!!!!

"대피하십시오. 대피하십시오. 화재가 났습니다. 어서 빨리 대피 하십시오!"

잠엔 맛있게 취해있고, 몸은 쑤실 듯 아프고, 방안은 후끈하고.

"에이. 우리 집에 무슨 불이야? 장난 하지 마!" 꿈속에서인지 현실에서인지 저는 이 상황을 부정하고 계속 잠을 청하고 있었습니다. 비몽사몽 달팽이관을 때리는 사이렌 소리와 방송이 귀찮아질 때쯤이었습니다.

옆에서 잠을 자던 남편이 갑자기 저를 흔들어 깨우고선.

"여보 불이야, 불. 불났어. 어서 애들 깨워 나와, 어서!" 혼비백산하고선 비틀비틀 큰방을 휙 하고 나가버리는 겁니다.

정말 살며시 눈을 떠보니 안방엔 이미 연기가 자욱하여 시야가 흐렸고, 거실 벽면 사이렌 경보등에서 빨간불이 힘차게 돌아가며 울고 있었습니다. 아까 들었던 대피 방송도 함께 흘러나오고 있었습니다.

그제 서야 실제 불이 났음을 직감하고 울부짖으며, 옷을 입을 겨를도 없이 큰아이와 작은 아이 방에 들러 아이들을 깨웠습니다. 그리곤 데리고 나온다는 표현보다는 애들을 질질 끌고나오다시피하여 바깥으로 다행히 무사히 탈출할 수 있었습니다. 누구는 불날 때 집문서, 땅문서, 예·적금 통장, 보유현금, 폐물 등을 챙겨나온다고 하는데 저는 그럴 정신도 없었고 사실 챙겨올 물품도 그다지 없었습니다. 온 가족이 다치지 않고 온전히 탈출한 것만으로도 감사해야 했습니다.

부랴부랴 119에 화재 신고하고 울며불며 먼저 나간 남편을 찾기 시작하였습니다. 이미 바깥도 연기가 자욱하게 퍼져 시야를 가로막고 있었습니다. 그때 희미한 저편 어딘가에서 "불이야, 불이야" 외치며 바쁘게 뛰어다니던 검은 물체를 발견하였습니다. 남편이었습니다.

남편은 신발도 신지 않은 채 저희 아파트 동 주변을 뛰어다니면서 정신없이 소리치고 있었습니다.

처음 겪어보는 화재라 무섭고 두렵기만 했습니다. 그런데 정작 곁에서 있어 줘야 할 남편은 가족 챙길 생각은 안 하고 저 혼자 살겠다고 먼저 도망가버리고, 바깥에서 정신 나간 사람처럼 비를 맞으며 돌아다니니 속이 부글부글 끓어올랐습니다. 잘 때는 몰랐는데 바깥엔 이슬비가 내리고 있더라고요.

흥분을 가라앉히고 남편과 주변을 살펴보니 우리 가족 말고는 아무도 대피한 주민이 없었고 심지어 가까운 경비실에서조차 어떠한 반응도 없었습니다. 불이 났는데 왜 아무도 대피를 안 하지? 우리가 다시 들어가서 전 세대마다 돌아다니며 대피시켜야 하나? 고민하고 있을 때쯤. 뭔가 이상한 기분이 들기 시작하였습니다.

대피한 우리 가족 네 명 모두 옷을 그다지 많이 걸치지 않았기에, 가뜩이나 비도 내려 두려움보다는 스산함과 추위가 몰려오기 시작했습니다. 그리고 아까 바라보았던 바깥 풍경이 갑자기 아름답게 보이기 시작했습니다. 왜냐구요.? 화재로 인해 연기로 자욱했던 아비규환의 풍경이 밤안개가 멋지게 피어나는 황홀 천국 풍경으로 바뀌어 있었던 거죠. 제정신을 차리고 나서야 현 상황이 눈에 제대로 들어왔던 겁니다.

때마침 저층부에 사시는 몇몇 분이 외침을 듣고 혼비백산하면서 뛰어나와 걱정스럽게 물으셨습니다. "어디서 불났어요? 어디, 어디?" "아니요, 제가 잘못 본 것 같습니다." "소란을 일으켜 죄송합니다. 정말 죄송합니다." 또한 때마침 퇴근하던 주민이 술에 취해 비틀비틀 아파트로 들어서며 우리 가족을 이상한 시선으로 훑어보시며 이러시더군요. "무슨 일 일어났어요?" 민망함은 우리들의 몫! 남편과 함께 사과를 드리고 다시 조심스레 집으로 들어가보았습니다. 집에는 아직도 연기. 아니 밤안개로 가득 차 있었습니다.

그렇습니다. 무더위에 거실 창이며 안방 창이며 창이란 창은 모두 열어놓고 잤는데 밤새 비가 내리며 아파트 1층이었던 우리 집에 밤안개가 스멀스멀 침투해 들어왔던 거죠. 북한산 자락 바로 밑에 아파트가 있어서 종종 안개가 끼곤 했는데 그날따라 유독 안개가 심했었나 봅니다. 잠결에 눈을 떠 바라본 연기는 화재 연기가 아니었고 바로 밤안개였던 겁니다.

화재감지기에선 그걸 연기로 인지하고 경보기가 울렸고 대피방송이 나왔던 것이었고요. 모든 상황을 인지한 우리 가족은 부랴부랴 119에 전화 걸어 자초지종을 말씀드리고 죄송하다며 취소 전화를 드렸고, 한밤중에 화재 대피 상황은 그렇게 종료가 되었습니다.

남편은 그래도 끝까지 꺼진 불도 다시 보자는 심정으로 관리실에 전화를 걸어 우리가 사는 동에 불이 나지 않았었는지 재차 확인까지 하더군요. 애들을 다시 재우고. 좀 전의 창피한 소동을 극구 부인한 채, 낯 뜨거워짐을 애써 가라앉힌 채, 우리 부부도 다시 아픈 몸을 침대에 뉘었습니다. 아까는 몰랐었는데 다시 편두통이 몰려오기 시작했고 남편도 장염 후유증인 복통에 시달리며 밤새 끙끙 앓아야 했습니다.

다음날 간밤의 해프닝으로 인한 피해는 상당했습니다.

일단 애들은 둘 다 늦잠을 자서 학교에 지각을 했습니다. 남편은 장염이 다시 도져 병원에 재입원하였고 저 또한 온종일 편두통과 구토에 시달려야 했습니다. 또한 여기저기서 집을 찾아와 묻는 통에 기억하기 싫은 어젯밤의 소동을 몇 번이나 반복 설명해야 했습니다.

평소 그리도 다부지고 걸걸한 대인배 남편이 어젯밤 위기상황에선 당황하며 어찌해야 할지 몰라 허둥대는 모습을 보았습니다. 그렇다고 저만 살겠다고 우릴 버리고 나갔다고 생각지도 않습니다. 남편도 환자였기에 순간 판단이 흐렸을 겁니다. 그 순간 남편은 남편대로 본인이 취해야 할 최선의 행동을 하고 있었을 겁니다. 그렇게 믿고 싶습니다.

누구나 겪어보지 못한 일에 직면하게 되면 평소와 전혀 다른 모습으로 변하거나 내재해 있는 본성이 드러나기도 합니다. 화재 오인 사건은 자연이 선물해준 해프닝이었지만 다시는 겪고 싶지 않은 아찔한 순간이기도 했습니다. 그저 다시 한번 주위를 둘러보고, 위험에 노출된 건 없는지 확인 재확인하는 습관을 길러야겠다고 다짐의 계기가 되었습니다. 지난 6월 밤 한여름 밤의 소동은 그렇게 우리 가족의 영원히 잊지 못할 추억으로 자리 잡았습니다. 그래도 마지막으로 남편에게 이 말 한마디는 하고자 합니다.

"여보, 다음엔 우리 가족 모두 꼭 챙겨야 해! 다시는 우릴 두고 혼자 도망가면 안 돼!"

2016년 7월 13일 수요일

After…

(이 글은 제가 와이프의 입장에 서서 쓴 글입니다)

지난 2월 중남미 여행을 앞두고 또다시 난 장염에 걸려 지독한 고생을 했다. 물론 이날 소동과는 전혀 관계없었을 것이다. 하지만 그때처럼 현실 감각을 잃어버리고 판단력을 상실하지 않을까 걱정을 했다. 다행히 여행 전 완쾌가 되어 무사히 여행을 다녀올 수 있었다. 역시나 모든 걸 비워내는 건 힘든 일이다. 장염을 통해 무소유를 실천하며 터득한 결과다.

강제휴가

머리카락이 이미 귀를 덮고 눈앞의 시야를 가릴 만큼 많이 자랐다. 대학 1학년 1학기 기말고사 준비에 혼을 빼고 공부하느라 더부룩한 수염과 더불어 행색이 너무나 볼품없다. 시험도 끝이 나고 달콤한 방학이 시작된 만큼 깔끔하게 다듬어야겠다. 대학교 새내기가 되어 처음으로 맞이하는 여름방학! 하고 싶은 게 너무도 많다. 운전면허도 따고 싶고, 알바도 하고 싶고, 여행도 하고 싶고, 여친도 사귀고 싶다.

대학 구내 이발소는 방학이라 그런지 한산했다. 무엇보다도 일주일 전부터 찌는 듯한 무더위가 도시와 학교를 삼켜 사람 구경하기가 힘들 정도였다. 연일 기온은 36도를 상회하였으며 습도까지 높아 말 그대로 바깥에 나가면 사우나실에 들어간 기분이었다. 시원한 에어컨 바람 아래에서 한참 머리를 자르고 있는데, 켜져 있던 TV에서 갑자기 뉴스 속보가 떴다.

'김일성 주석 사망' 북한의 김일성이 심근경색으로 죽었다는 뉴스였다. 눈과 귀를 의심했다. 바로 엊그제까지만 해도 뉴스 메인을 장식하며 전쟁 분위기를 고조시키던 인물이 사망했다니! 오보가 아닌가 했다. 하지만 뒤이어 김일성 시신이 등장하며 사실로 확인되었고, 전군은 비상사태를 발령되면서 전쟁위기감이 고조되기 시작했다.

'끼이익'!!! '꽝'

찰나의 순간이었다. 교차로에서 적색 신호임을 확인하고 정지한 지 2~3초쯤 흘렀을 때였다.

강한 충격음과 함께 차가 앞으로 밀리면서 내 몸도 동시에 앞으로 쏟아졌다. 핸들에 가슴이 닿을 정도의 강한 충격이었다. 이명현상과 혼돈의 카오스 속에 정신을 못 차리고 있을 때 뒤차 운전자가 차에서 내려 다가왔다.

"어디 다치신 데 없으세요? 죄송해요, 제가 차량 에어컨을 조작하다가 앞을 못 봤네요!"

가해자는 50대 초중반의 중형 세단을 운전하시던 아주머니셨다. 본인이 실수하였음을 인정하시며 안절부절못하신다. 겨우 차에서 내려 뒤 상황을 보니 내 차는 뒤 범퍼와 트렁크 부분이 상당 부분 찌그러졌고, 뒤차도 앞 범퍼와 본 네트 부분이 많이 파손된 상태였다. 첫 사고라 하셨다. 어쩔 줄 몰라 당황해하는 아주머니를 오히려 내가 진정시키며 피해 조치수순을 밟아갔다. 잠시 뒤 상대측 보험사가 나왔고, 난 현장 사진을 찍고 사고접수번호를 받은 뒤 현장을 이탈하였다.

사전 약속되었던 업무 건을 종료 후 곧바로 병원으로 이동하였다. 어디가 아픈지, 어디를 다쳤는지도 모르겠다. 다만 온몸이 떨리고 상체가 묵직하며 움직임이 둔했다. 엑스레이 촬영 결과 다행히 골절 등의 큰 부상 부위는 발견되지 않았다. 하지만 입원을 요하며 앞으로 세세한 검사가 추가로 필요하다 했다.

이발을 하고 집으로 돌아오며 전쟁에 대한 두려움과 함께 입대 문제를 고민하기 시작했다. 사실 2학기 때 휴학 후 군에 사병으로 입대할까? 대학 졸업 후 ROTC 장교로 가는 길을 선택할까? 결정을 못 내리고 있었다. 하지만 김일성의 갑작스러운 사망은 나의 결정을 쉽게 내려주었다. "그래! 어차피 지금 군대 가면 전쟁 분위기 장난 아닐 거야, 그냥 나중에 장교로 가지 뭐!" 1994년 그해 무더운 여름 김일성의 사망 소식은 날 당장 군대에 보내는 대신, 추가로 3년이라는 강제휴가를 주었다. 그 후 난 장교선발시험에 합격하기 위해 남들보다 몇 배의 노력을 다해야 했다.

세세한 검사까지도 큰 소견은 발견되지 않았다. 계속 물리치료 받으며 안정을 취하면 나을 거라는 소견이었다. 1994년에 이어 역대 급으로 찾아온 강력 무더위에 온 나라가 펄펄 끓고 있을 이 시간 난 지금 시원한 에어컨 바람 아래서 강제휴가를 보내고 있다.

평퍼짐한 고무줄 차림의 환자복과 전동침대가 내 집보다 편안하다. 눈앞에는 개인전용 TV와 인터넷 전자 장비가 있어 심심할 틈이 없으며, 때가 되면 맛있는 식사가 나온다. 창문 바깥세상은 이글이글 가마솥 훈기가 올라오고 있으나, 이곳 세상은 부들부들 북극 한기가 올라오고 있다. 집에 있었으면 결코 못 누렸을 호사다.

1994년 강력 무더위 때 김일성사망으로 강제휴가를 보냈다면, 2018년 강력 무더위 땐 예기치 못한 교통사고로 역시 강제휴가를 보내고 있다. 두 번의 무더위 때 과거의 나와 현재의 난 평행이론을 이룬듯하다.

2018년 7월 23일 월요일

After…

무더위는 9월 중순까지 쭉 이어졌다. 해가 갈수록 여름이 점점 길어지고 있다. 무엇보다도 암담한 현실은 지구의 기온이 환경파괴와 대기 이상 현상으로 인해 앞으로도 계속 상승한다는 것이다. 극 지점의 빙하가 녹아내리고 동식물이 말라비틀어지고 있다. 이러다 정말 지구인 모두가 여름철만 되면 '강제휴가'를 당해야 하는 날이 실제 오는 건 아닌지 걱정된다.

나부터 환경 보존을 실천하며, 자원 낭비하는 습관을 줄여야겠다. 지구를 위기로부터 지켜내자! 모든 휴가는 내 의지에 의해 선택됐을 때 비로소 진정한 휴가가 된다.

태풍 속으로

목표한 금액이 다 모였다. 여행경비 2백에 여윳돈 40. 이렇게 도합 240만 원을 모으는데 꼬박 2개월이라는 시간이 흘렀다. 아들 녀석과의 약속을 지키기 위해 난 그렇게 지난여름을 에어컨 설치 보조 알바에 몸을 내던졌다.

일본어에 흥미가 많은 아들은 중2 때부터 방과 후 수업으로 일본어를 듣기 시작했다. 그렇게 시작된 일본어 사랑은 누가 시켜서가 아닌 본인이 찾아서 하는 공부로 그 습득속도가 높았다. 반면 난 평소 중국어에 관심을 갖고 조금씩 공부를 하고 있던 터였고 중국어도 병행해서 공부해보길 권했다. 하지만 아들은 금세 굽이치는 4성 성조에 두 손을 들고 말았다. 대신 본인은 일본어를 맡을 테니 나더러 중국어를 밀으린다. 어라! 당돌함이 싫지만은 않다.

"그래, 그럼 정정당당히 승부해볼까?" 스타트 조건으로 아들은 올해 안으로 일본 가족여행을 조건으로 걸었다.

여행경비가 없지는 않았을 터! 하지만 나도 놀면서 그 부름에 응하고 싶지 않았다. 내 손으로 경비를 직접 벌어보리라! 그렇게 시작된 지난여름 2개월간의 에어컨 설치 보조알바는 죽음 그 자체였다. 더군다나 최고 기온과 최장 열대야 기간을 갱신하지 않았던가? 열사의 사막에 내던져진 건설노동자들의 삶이 이러했을까! 그렇게 땀에 찌든 작업복이 염분이 쌓여 하얗게 변색될 때쯤 목표금액이 달성되었다.

D-day는 추석이 끝난 다음 주인 9월 28일(금)~30일(일)로 결정했다. 이미 비행기 표와 숙소는 여행사를 통해 3주 전 예매를 완료했다. 금요일 자정 무렵 출발하여 일요일 자정 무렵 돌아오는 항공편으로 아이들 등교에도 전혀 지장을 주지 않는 일정이었다. 3주 전부터 아들과 딸은 제 나름대로 일차별 일정표를 짰다. 이번 여행은 우리 가족의 처녀 자유여행이었고 일본 여행도 처음이었던 터라 설렘의 정도는 차이를 둘 수 없었다. 그렇게 완벽하게 우리의 스케줄표는 분 단위로 계획되었다.

추석 즈음 일기예보에서 서태평양에서 태풍이 발생하여 동북아시아 쪽으로 올라오고 있다는 뉴스가 나왔다. 이게 뭐야? 설마하며 고개를 가로저었다. 아직은 유동적이었다. 중국, 대만, 한국, 일본 그 어디도 장담할 수 없었다. 우린 거기에 아랑곳하지 않고 더더욱 트렁크를 단단히 결속하며 준비 물품들을 챙겨나갔다.

드디어 출발일! 태풍 진로가 좁혀졌다. 대한민국 아니면 일본 방향이란다. 이러면 안 되지만 난 우리나라로 가길 빌었다. 대형 태풍이라는데 우리 여행을 엉망으로 만들고 싶지 않았다. 설렘과 기대감을 섞어 우려를 억지로 지우려 애썼다. 태풍 '짜미'야 제발 우리를 도와줘!

새벽 2시. 하네다공항에 도착, 부랴부랴 택시를 잡아타고 우리의 숙소로 향했다. 수속 후부터 우리 셋은 아들 꽁무니만 줄줄 따라다녔다. 쭈뼛쭈뼛 어색하게 일어로 길을 물으며, 교통편을 찾으며 그렇게 아들 녀석은 일본 도로를 정글 헤치듯 나아갔다. 다행히 날씨는 평온해 보인다. 숙소에서의 첫날밤 공기 또한 온화했다. 내일, 아니 오늘을 기대하며 고단함을 어제에 뉘었다. 제발 날씨가 좋기를 기대해본다.

날이 밝았다. 호텔에서 아침 조식 후 서둘러 숙소를 나왔다. 그런데 조짐이 좋지 않다. 이슬비가 내리기 시작했다. 그래도 타임워치가 작동되고 우린 애들이 계획한 스케줄대로 부지런히 움직였다. 아니나 다를까? 한국외교부에서 시간 단위로 태풍경보 문자가 전송되었다. 국내로 향할 줄 알았던 태풍이 일본 본토로 진로를 바꾸고 있었다. 지금 속도면 내일 자정쯤 도쿄 중심부를 통과하게 되며, 현재 오키나와 쪽은 벌써 태풍피해가 발생하고 있다고 했다. 우리 넷은 얼굴이 순간 모두 굳어졌다.

올여름 극서의 무더위 속에 고국에서는 구경도 못 했던 태풍을 이곳 도쿄까지 와서 만난단 말인가? 줄줄이 항공기 결항 소식도 함께 이어지고 있었다. 이미 오사카 간사이 공항은 폐쇄를 선포했다고 한다. 이러다 정말 결항 되는 거 아냐? 공항에서 노숙해야 하는 거 아냐?

이런 젠장!

그럼에도 불구하고 우린 센소지 사원, 메이지 신궁, 동경대학교와 시부야, 하라주쿠, 오모테산도, 우에노, 오다이바, 아사쿠사 등

시내 곳곳을 방문하며 오늘 정해진 스케줄을 모두 소화하였다. 식사는 일본에 오면 꼭 먹어야 한다는 맛집을 찾아다녔다. 낮에는 시부야에서 라멘을, 저녁엔 오다이바에서 우동과 다코야키를 사 먹었다. 내일은 낮엔 쇼핑하고 밤엔 도쿄타워를 방문할 예정인데 얄궂은 태풍 속으로 들어선 여행 일정이 제대로 진행될지조차 걱정이다. 그나마 오늘은 이슬비가 오락가락해서 가능했지만 말이다.

일본에서 이틀째 날이자 마지막 날이 밝았다. 뉴스엔 이미 오키나와에 상당한 인명피해와 건물피해를 끼치며 태풍이 북상 중이라 했다. 일본 땅이 넓어서일까? 아직 여기는 이슬비 정도의 비만 어제부터 계속 내리고 있다. 이걸 보고 태풍 전야라고 하는 걸까? 짐을 꾸려 숙소를 나오기 전 우린 만일에 대비해 뱃속을 든든히 했다.

이케부쿠로의 선샤인 시티, 롯본기의 롯본기힐즈, 신주쿠의 가부키초, 아키하바라의 가이요도 호비로비 도쿄. 특히 신주쿠에서의 돈키호테 방문은 딸의 일본방문 주목적이었던 쇼핑에 있었다. 딸은 미리 받은 용돈으로 신천지에 온 마냥 친구들에게 줄 선물과 먹고 싶은 음식들을 거침없이 구입하였다. 아들 또한 아키하바라에서 피규어 구입에 2시간을 할애하며 애지중지하게 선물과 기념품을 골랐다. 1일 차가 여행이 주목적이었다면 2일 차는 쇼핑이었기에 아이들의 속도에 보조를 맞췄다. 그러나 태풍은 우리의 속도를 앞지르기 시작했다. 오늘 자정쯤 태풍이 도쿄로 들어선다 하며 지상철인 JR 선은 머잖아 운행이 중단된다고 했다.

늦은 오후부터는 바람이 거세지고 빗방울도 굵어지기 시작했다. 오늘 자정 출발인 우리 비행기는 아직 결항 소식이 없다. 아직 태풍이 근접해있다는 느낌은 들지 않는다. 일본 여정의 마지막 코스인 도쿄타워를 방문했다. 지상으로부터 높이 333m. 순식간에 오른 정상 전망대에서 바라본 도쿄는 운무로 가득하여 신비의 도시가 되어 있었다. 경쾌한 사운드에 어우러져 애니메이션이 상영 중이었는데 우리 가족은 온종일 비를 맞고 걸어서였는지 몰라도 몽환적인 아늑함에 빠져 한동안 헤어 나오지 못했다.

그 순간 비보의 문자가 도착했다. 항공기 결항 문자였다. 결항 소식만 알려줄 뿐 언제 다시 운항이 재개된다는 내용은 없었다. 큰일 났다. 우려되었던 바가 현실로 다가왔다. 당장 아이들 내일 학교부터 빠지게 생겼다. 아이들은 각자 담임선생님께 SNS로 결항뉴스를 실황중계 했다. 와이프도 내일 오후 학교 방과 후 수업에 들어갈 수 없게 되었다. 이리저리 사정을 구해 대타 선생님을 간신히 구했다. 나야 뭐 특별한 일이 없는 백수라 다행인 건가?

우린 서둘러 도쿄타워를 내려왔다. 마침 폐장 시간이었는데 임직원 모두가 입구까지 나와 비를 맞으며 도열하여 마지막 손님들께 인사를 드리는 모습은 인상에 깊이 남았다. 그들의 국민성 하나는 정말 인정할 수밖에 없다. 일정 간 만났던 거의 대다수의 일본인은 길이라도 물을 때면 마치 제 일인 것마냥 다들 친절했다. 그나저나 이제 곧 JR 선도 중단된다고 한다. 공항으로 가는 유일한 전철인데 이것마저 끊기면 우린 공항을 가지 못한다. 아니 비싼 택시 요금을 치르며 가야 한다. 항공기가 결항만 되었지 태풍이 지나가면 언제 다시 뜰 줄 모르기 때문에 공항에 가서 대기해야 한다. 저녁도 거른 채 우린 재빨리 JR 선에 몸을 실었다. 현재 시각 8시. 도쿄 근처까지 태풍이 왔다고 하는데 아직은 잘 실감이 나지 않는다.

공항에 도착하고 나서야 비로소 식당가에서 여유로운 저녁을 먹었다. 이제 공항에 있으니 눈치 볼 것도 없다. 행여나 시간을 놓칠까? 자리를 놓칠까? 목적지를 놓칠까? 조마조마하며 보낸 우리의 2박 3일 일본 여정 속에 처음으로 안도하며 먹는 저녁 식사였다. 그나저나 우리 비행기는 언제쯤 다시 뜰까?

공항엔 이미 대기자들로 넘쳐났다. 벤치나 의자들은 미리 선점한 짐들과 사람들로 만석이었다. 이제 우리는 어디서 대기해야 하나? 인근 호텔들은 웃돈을 주고도 들어갈 자리가 없다. 차디 차가운 대리석 위, 식당 앞 나무판 위, 화단 경계석 위 등에 자리를 펼친 사람들도 많았다. 우리 가족도 용케 2인용 벤치 하나를 확보하여 교대로 자리를 지키며 새로운 소식들에 귀를 기울였다. 밤 10시쯤 새로운 문자가 도달했다. 우리 비행기는 정확하게 하루가 밀려 내일 자정 무렵에 재편성되었다는 문자였다. 아! 이 문자가 빨리만 도착했어도 도쿄에서 숙소를 다시 잡고 내일 하루를 보너스로 여행할 수 있었는데. 이미 지금은 JR 선도 중단되었고 내일 아침에 태풍이 지나가면 다시 도쿄로 나가자 하니 다들 거부를 했다.

자정 무렵. 태풍이 공항에 도착했나 보다. 요란한 사이렌을 울리며, 축포를 쏘며 도로를 점령하는 개선군처럼 활주로를 휩쓸고 들어오고 있다. 어찌나 비바람이 센지 바깥 가로등이 좌우로 심하게 요동친다. 위력을 느껴보고 싶어 1층 바깥으로 나가 비바람을 직접 맞아봤다. 가만히 서 있기 힘들 정도의 세기이다. 이처럼 강력한 태풍이 일본대륙을 뚫고 여기까지 왔으니 이제야 내가 태풍 속으로 빠져든 듯한 느낌이다. 최근 몇 년간 우리나라에서 보지 못했던 초강력 태풍을 난 돈 주고 일본까지 넘어와 만나고 있다.

태풍은 태풍이고 우리는 우리다. 오늘 밤을 어떻게 나야 할까? 가장으로서 불쌍하게 쉬고 있는 처자식이 안쓰러워진다. 일단 잠잘만한 곳을 찾으려 공항을 뒤집고 다녔다. 우리 4명이 눕거나 앉아서 안락하게 쉴만한 곳! 이미 대기자들로 넘쳐나는 공항에 이런 공간이 있을까도 만무했다. 하지만 맨 끝 층 상가 로비 쪽 광고판 뒤가 공간이 비어 있었다. 광고판을 앞으로 조금만 밀면 4명이 구부리고서라도 누워 잘 수 있었다. 이만한 공간도 지금은 호텔급이다. 당장 이 공간을 다른 사람에게 뺏기지는 않을까 노심초사하며 아들에게 자리를 선점하게 한 후 가족들을 모두 이사시켰다. 앞엔 큰 광고판이 있어 눈에 잘 띄지도 않고 우리 4명만 숨어 있기에 안성맞춤인 공간. 다만 바닥이 대리석이라 한기가 그대로 올라왔다.

이제 한기를 해결해야 한다. 다시 공항을 이 잡듯 뒤지며 돌아다녔다. 바닥에 깔 박스라도 구해볼 참이다. 그런데 이미 박스들도 동이 난 상태였다. 1층부터 5층까지 그렇게 3바퀴를 돌며 하나는 수화물 코너에서, 하나는 청소실 코너에서, 하나는 인테리어 장소에서 어렵게 구했다. 마치 뻐꾸기가 자기 새끼들에게 먹이를 구하러 다니듯 난 2시간에 걸쳐 금보다도 귀한 박스 3개를 얻어

자리를 펼쳤다. 벌써 새벽 3시. 잠을 청한다. 태풍의 기세는 여전하다.

바닥의 한기는 줄어들었으나 여전히 추웠으며 공기 또한 차가웠다. 이름하여 풍찬노숙이다.

우여곡절 끝에 아침이 밝았다. 와이프는 자다 깨기를 반복하며 행여나 벤치나 장의자들이 비지는 않을까 계속 둘러보았다고 한다. 오전 7시쯤 그렇게 장의자 4개를 구했다. 아침이 되니 날씨는 놀랄 만큼 변모해 있었다. 태양은 붉게 떠올랐고 바람은 잔잔했으며 공항은 다시 활기를 되찾기 시작했다. 운항이 재개되어 대기자들이 빠져나가기 시작했고 항공기들은 부지런히 활주로를 이착륙하고 있었다. 지난밤 추위에 선잠을 자서일까? 우린 장의자에서 부족한 잠을 다시 채웠다. 점심때까지 그렇게 시간은 흘러갔다.

배고픔에 눈을 떴다. 또한 딱딱한 장의자라 허리도 아팠고 비좁았다. 간밤의 잠자리에 비하면 이만한 잠자리는 황공한 잠자리임에도 불구하고 지난 처지를 금세 까먹었다. 어젯밤 먹었던 식당에서 점심을 해결했다. 예기치 않은 공항 대기에 미리 준비해왔던 경비는 먹는 거로 점차 소진되고 있었다. 아! 이 상태로 어떻게 밤까지 기다릴까? 지금부터는 시간과의 싸움이다. 공항 공연팀에서 오전부터 1시간 간격으로 각층을 돌며 민속공연을 하는데 반복된 공연을 계속 지켜보다 보니 저녁쯤엔 내가 해도 똑같이 따라 할 수 있겠더라!

1층부터 5층까지 몇 바퀴를 돌아보며 시간을 지워냈다. 5층 바깥

로비에 나가 도쿄 공항 전경을 사진에 수없이 담아도 보았다. 각자 저마다의 방법으로 대기시간을 줄여나가기 시작했다. 여유로우나 지겨운 싸움이 계속되고 있었다. 단 몇 시간 만의 차이로 날씨가 이렇게나 바뀔 수 있을까 실로 놀랍기만 하다. 아이러니하게도 일정 간 보지 못했던 태양을 공항에서 실컷 보고 있었다.

이제 마지막 저녁이다. 마지막 식사는 편의점 도시락으로 했다. 식당 음식이 질리기도 했고 갑자기 편의점 음식이 궁금해졌기 때문이다. 핸드폰도 충전하고 물도 준비하며 떠날 채비를 모두 마쳤다. 이제 정말 일본을 떠나야 할 차례다. 시간이 되어 수속을 밟고 검색대를 통과하였다. 마지막 쇼핑 시간이다. 여동생이 부탁했던 도쿄 바나나와 양가 부모님께 드릴 선물과 우리 가족이 먹을 식품들을 샀다. 어젯밤부터 공항 대기하며 지겨웠던 하루가 정작 떠날 시간이 다가오니 아쉬워지기 시작했다. 자꾸만 지갑이 열린다. 가뜩이나 쇼핑 물건도 많아서 짐도 무거운데 원치 않았던 물건들까지 면세점에서 실컷 구매했다.

어쩌면 여기서 태풍을 만나지 않았더라면 우리의 일본 처녀 자유여행은 심심했을 수도 있겠다. 생전 처음 항공기 결항과 공항에서의 노숙을 경험했다. 24시간 공항 노숙은 우리 가족을 정과 사랑으로 더욱더 똘똘 뭉치게 했다. 지난여름부터 열심히 준비하고 계획하여 떠나왔던 일본 여행, 이렇게 긴 여운을 남기며 마감하게 되었다. 지난 2일간 바쁘게 보냈던 빗속에서의 여정과 1일간의 공항 대기시간들이 순간 주마등처럼 스쳐 지나간다. 우리 가족은 이번 여행에서 일본에 무엇을 남겨두고 무엇을 얻어갈까?

그건 아마도 태풍보다 크고 강력했던 우리 가족의 사랑일 거다. 미움과 원망은 이미 공항 쓰레기통에 버린 채 말이다.

2018년 10월 2일 화요일

After…

우리 가족은 벌써부터 다음 여행지를 계획하고 있다. 고등학생이 된 아들 녀석의 학업 스케줄에 지장을 주지 않을까 걱정이 되기는 하지만 여행 또한 또 다른 교육의 연장일 터! 어디를 계획하고 있는지는 비밀! 여행은 우리 가족의 사랑을 더더욱 붙게 만드는 강력본드인 듯 싶다.

넌 운이 좋은 녀석이야!

오늘 아파트 바로 뒤 북한산 둘레길을 산책하다 산책길 안쪽에서 우연히 발견한 유해조수 포획 틀! 근데 멀리서 가만히 보니 안에서 뭐가 꿈틀꿈틀하는 거야! 겁을 상실한 채 가까이 다가가 보니 고양이라고 하기엔 너무나 큰 대왕 고양이. 호랑이 새끼로 딱 오해하겠다.

얼마나 탈출하려고 애를 썼는지 입 주위가 피로 흥건하다. 불쌍해서 내가 몰래 그냥 꺼내줄까 했는데 '카악 카악' 하며 달려드는 품새가 너무 공격적이라 금세 포기!

푯말에 적혀있는 구청 동물구조 센터에 바로 전화를 했다. 수신 신호가 끊길 즈음 받은 구청 담당자의 반응이 영 미적미적하다. 포획 틀은 멧돼지 포획 목적으로 설치된 것이고 고양이 등은 중성화 수술 후 다시 방생한다고 한다.

그나저나 내가 전화 안 했으면 이 고양이는 아마도 굶어 죽었을 듯싶다. 위치를 자세히 설명해줘도 어디 설치된 줄도 모르고, 구조 예정 날짜도 특정하는 것이 아니라 구조대 스케줄 보고 시간 될 때 온 댄다!

“전화 주셔서 감사합니다.”라는 말을 들으려 했던 건 내 욕심이었다. 시종일관 무미건조한 대화에 내 맘도 이 가을의 낙엽처럼 건조해져 버린다.

취지는 이해한다. 상황도 이해한다. 바쁜 것도 이해한다.
하지만 좀 빨리빨리 처리합시다!
고양이 불쌍해서 못 봐주겠소!

또한 머잖아 가을이 떠나가잖소!

2018년 11월 9일 금요일

After…

전화 말미 담당자에게 읍소한 효과가 있는 듯싶다. 전화를 건 이튿날 고양이는 바로 구조되었다. 아마도 중성화 수술 후 이곳 북한산 어딘가에 다시 방생되었을 것이다. 그 후로 아직 유해조수 포획 틀은 제 역할을 못 하고 있다. 눈치 빠른 유해조수 녀석들이 그 정도의 어리숙한 속임수에 속는다면 북한산에 살고 있다고 명함도 못 내밀겠지! 아무튼 영악하면서 영리한 녀석들이다. 그냥 잡히지 말고 북한산 깊숙한 곳에서 인간들에게 피해 주지 말고 잘 살았으면 하는 게 내 바람이다.

별이 진다네

최근 연이은 강력 사건에, 음주 사고에 안전사고가 하루라도 끊이지 않은 날들이 없었다. 한동안 미투에 썩은 살점들을 도려내기 바빴는데 이젠 빚투가 세상을 집어삼키고 있다. '얼마나 남을 더 잘 속이나' 게임을 하고 있는 걸까? 나라는 병들어가고 국민들은 신음하고 있다.

오늘 또 다른 대형사고가 내가 사는 은평구에서 터졌다. 은평구에 위치한 대성고등학교에서 학생들 10명이 체험학습 일환으로 떠난 강릉펜션에서 3명이 사망하고 7명이 중상을 입은 것이다. 경찰은 가스누출에 의한 가스중독을 의심했다고 한다. 현재 교육부 수장이 현장에서 컨트롤타워가 되어 사건을 수습 중이다.

지금 은평구는 전체가 안타까움과 슬픔에 빠져있다. 문과 반 학생들이었던 그들은 수능까지 모두 마치고 대학진학을 앞두며 사회에 첫발을 내디딜 준비를 하는 우리나라의 미래자원들이었다. 애지중지하게 19년을 귀하게 키운 어떤 부모는 차갑게 식어버린 아들의 손을 만지며 오열했을 것이고, 어떤 부모는 생과 사의 갈림길 문턱에 서 있는 아들을 보며 제 목숨과 바꿔도 좋으니 제발 살려달라며 울부짖었을 것이다.

망자의 부모 중 한 분과 나는 연이 있다. 과거 신·중고매장을 할 때 단골 중 한 분으로 늘 검소하시며 인자하셨던 분이셨다. 아들 또한 사정상 부모가 본인 방에 중고 책상과 의자를 들여 줘도 불평불만이 없던 착한 아이였다. 미래 외교관이 꿈이었다는 아들은 그 꿈을 펼쳐보기도 전에 차가운 냉동실에 먼저 갇혀버렸다.

대체 언제까지 이런 억울한 죽음들이 계속되어야만 하는 것인가? '사람이 먼저다'라는 슬로건은 언제쯤 제대로 그 위력을 발휘하게 될 것인가? 시행착오를 겪고 있는 사이 너무나 많은 안타까운 꽃들이 제대로 펴보지도 못하고 꺾여버리고 있다.

약한 자들은 강한 자들의 논리에 의해 죽어 나가고,

없는 자들은 있는 자들의 논리에 의해 죽어 나가며,

행복을 누려야 할 자들은 안전을 방심한 자들에 의해 죽어 나가고 있다.

지금 내가 이 세상에 살고 있다는 것은 요행인 걸까? 운이 좋았던 것일까? 아니면 내 차례가 아닌 것일까? 혹시 어쩌면 내가 잠재적 가해자가 아닌지도 모르겠다.

이제 더는 안 된다.

단 한 명도 양보할 수 없다.

모든 걸 동원해서라도 안타까운 죽음만은 국가가, 사회가, 그리고 너와 내가 막아야 한다.

00아!

아저씨의 아들도 대성고등학교의 네 후배가 되기 위해 내년 진학을 앞두고 있단다. 네가 거닐던 교정, 교실, 강당, 식당, 운동장 등에서 네 흔적을 찾게 하마! 가파른 언덕을 힘들게 오르며 등교하던 너의 뒷모습을 간직하게 할게! 나도 슬픔의 눈물이 메말라질 때쯤 널 기억하려 찾아갈게! 잊지 않을게!

00아~

넌 지난 19년여간 우리에게 참으로 많은 행복을 주고 간 아이였다. 매장에서 밝게 웃으며 엄마 뒤를 따르던 너의 모습이 떠오른다. 넌 늘 부모를 웃게 만드는 엔도르핀이었고 동생을 지켜주는 호위무사였다. 친구들 사이에서는 영웅이었고 우리 사회의 미래였었다. 부디 이 못난 나라를 용서해주고 편안히 눈 감으렴! 그리고 아픔 없는 곳에서 멋진 외교관이 되어 꿈을 맘껏 펼치고 지내렴!

오늘도 또 하나의 별이 졌다.

2018년 12월 18일 화요일

After…

교육 당국은 두꺼운 분량의 다양한 대책들을 연달아 쏟아 내놓았다. 모두 그럴싸한 대책들이다. 하지만 또다시 '소 잃고 외양간 고치기', '사후약방문'이 되지 않을까 그게 두렵다.

아들은 그 학교로 배정받지 못하고 다른 인접 학교로 배정되었다.

불쌍한 두더지!

가까운 지인분이 백두대간 노치마을~여원재~통안재를 트래킹 중 산 중턱 등산로에서 죽은 지 얼마 안 된 두더지 사진을 밴드에 남겨왔다. 문득 사진을 물끄러미 바라보다 글을 쓰기 시작한다.

평생을 삽질만 하다 떠나갔으리!
자네로 인해 위 땅과 아래 땅은 하늘 보기를 교대했고,
땅속엔 시원한 공기 바람을 적셔 주었을 터!
비로소 땅은 숨을 쉬었고 풀꽃은 노래를 불렀다.

일생이 암흑이었던 자네의 삶에
죽어서야 따스한 햇살을 맘껏 쬐며 떠나가는구나!
자네가 가는 길을 밝혀주려 땅속에서 한 줌 흙이 되게 하는 대신,
빛으로 염을 하고 바람으로 삼베옷을 입혀 자연으로 떠나보내네.

새들의 울음소리와 풀벌레들의 곡소리가 너무나 구슬프이.

자네는 참 인생을 잘 산 듯싶네.
또한 측은지심으로 바라보는 등산객들이 있기에
자네가 가는 길은 외롭지 않을 듯싶네.

너무나 고생 많았네!
저세상에서는 고달픈 자네 인생
내려놓고 그저 밭고랑이나 갈면서
사시사철 자연과 함께 여유와 멋을 즐기시게나!

자네를 잊지 않으리!
잘 가시게!

2019년 3월 9일 토요일

태극의 경고!

한동안 잠잠한가 싶더니 또다시 찾아왔구나!
너로 인해 이곳의 공기는 다시 무거워졌고
숨도 쉬지 못할 만큼 답답해졌다.

참으로 비겁하다.
인상 차갑고 험상궂은 친구가 있을 땐 꽁무니 빼기 바쁘더니,
인상 따뜻하고 착한 친구가 오니 우릴 괴롭힐 작정을 하고 또 왔구나.

너 때문에 산들 봄바람은 춤추는 걸 멈추었고,
봄 햇살은 숨기에 급급해졌으며,
파란 하늘은 흙탕물에 오염되었다.

너 때문에 하얀 목련꽃은 미소를 감추었고,
노란 개나리는 소풍 여행이 취소되었으며,
분홍 진달래는 고개를 떨구었다.

도대체 우리에게 왜 그러는 거니?
넌 도대체 알기나 하는 거니?
우리가 그리도 애타게 기다린 봄이란 걸.

창문도 맘대로 열 수 없다.
깨끗하게 세탁한 빨래는 함부로 볕을 쐬게 할 수 없다.
예쁜 얼굴을 맘대로 드러내놓고 다닐 수도 없다.

봄나물 캐는 아낙네들의 거친 숨소리가 안 들리니?
봄을 기다렸던 상춘객들의 처져 있는 어깨가 안 보이니?
휑한 운동장을 바라보는 아이들의 슬픈 눈망울이 안 그려지니?

이제 그만하면 됐다.
실컷 괴롭혔으니 이제 좀 떠나가 주면 안 되겠니?
제발 너희 동네로 돌아가 주면 안 되겠니?
아니면, 옆 동네 가서 좀 놀던가.

부탁이다.
마지막 경고야.
안 그러면 특단의 조치를 취할거야.
내 말 새겨듣길 바라.
더는 약한 친구들 괴롭히지 마!

미세먼지!

너도 원래는 착했었잖아.

2019년 3월 28일 목요일

After…

3한 4미! 겨우내 '3일은 춥고 4일은 미세먼지'라는 새로운 공식은 한 번도 틀리지 않았다.

흰 눈이 사라진 대신 누런 먼짓가루가 더 익숙해져 버린 요즘. 누구보다도 맘껏 운동장에서 뛰어놀지 못하는 어린아이들이 안쓰럽다. 주변국 또는 우리가 우리에게 가한 인재를 이해 당사자가 서로 머리를 맞대고 하루빨리 문제를 해결해야 한다. 맑은 공기와 푸른 자연은 우리가 후대에 물려주어야 할 의무이자 책임이기 때문이다.

3. 쉼표, 그 순간의 미학

이제 쉬면서 여러 동기 애경사에 적극적으로 함께 해주고 얼굴 보면서 빚을 갚아나가련다. 쉬면서 뭘 다시 시작해야 하나? 앞으로도 가장으로서 무슨 일을 해야 하나? 참 고민이 많이 선다. 뚜렷한 계획 없이 덜컥 폐업하는 거라 더더욱 걱정근심만 쌓여간다. 일단 당분간 쉬면서 차츰 생각해봐야겠지!

새로이 펼쳐질 나의 제2 인생에 격려도 좀 해주고 현재 각자의 일터에서 중간자급 역할을 하고 있을 여러 동기도 응원해줘야겠다.

쉼표, 순간의 미학

아침저녁으로 제법 쌀쌀함을 느낀다. 여름내 숨조차 콱콱 막히게 했던 가마솥더위는 온데간데없고 이젠 바바리코트와 롱코트를 입은 사람들이 길거리에 제법 눈에 띈다. 찬 바람이 불 때면 가슴 시린 옛 추억들도 그리워지고, 선배들의 집합 통보에 비상대기하며 떨던 ROTC 후보생 1년 차 시절도 떠오른다. 이렇듯 계절 탓일까, 나이 탓일까, 아니면 직업 탓일까? 요즘 들어 결단을 내린 이후 부쩍 희로애락이 주식 그래프처럼 요동친다.

지난 8년간 허울 좋은 사장 소리 들어가며 운영했던 매장을 드디어 올 11월 30일부로 폐업한다. 경영악화도 아니고 높은 권리금을 노린 것도 아니다. 그렇다고 계약만료로 인한 건물주의 계약해지 통보도 아니다. 난 폐업하는 이번 달도 평균치의 영업이익을 발생시키고 있다. 다만 일에 지쳤다. 몸도 맘도 힘들다. 가족에게도 미안하다. 권리금도 포기하고, 매장 잉여상품과 집기들은 본사 직영매장에 헐값에 내놓기로 했다.

지난 8년! 앞만 보고 뛰었다. 뒤는 볼 수가 없었다. 높은 임대료와 일일 기대수익에 발이 묶여 집과 매장을 한시라도 벗어날 수 없었다. 그래도 노력한 만큼 땀 흘린 만큼의 결실은 돌아왔다. 그래서 동년배에 비해 제법 경제적 부도 취했다. 밖에서 보면 성공한 개인사업자로 불릴 수도 있었다. 하지만 그게 다다. 나머진 남은 게 없다.

6살짜리 아들 녀석은 어느덧 중학생이 되어버렸고 꼬맹이 4살 딸은 초등학교 고학년이 되어버렸다. 30대 초중반이었던 나와 집사람도 어느새 40대 중년의 길로 들어서 버렸다. 그사이 보통 사람이 누렸을 추억도, 행복도, 여가도 우리 가족에겐 없었다. 오로지 내 몸 곳곳에 작업 간 다쳐서 깊게 팬 상흔만 가득할 뿐이다. 자리 잡은 상처는 내 몸의 훈장이 되어버렸다. 이것도 영광의 상처라고 해야 하나?

매장폐업날짜를 받고 하루하루 보내고 있는 요즘, 마치 제대날짜를 앞둔 군대 말년병과 같은 심정일 듯싶다. 제대하고 나서도 단 하루도 쉬지 않고 일했었는데 이제 백수로 돌아갈 걸 생각하니 한편으론 기쁘기도 하고, 한편으론 두렵고 떨리고 막막하기만 하다. 그래도 홀가분한 심정이 큰 걸 보니 선택은 잘한 듯싶다.

지난 8년 참 무던히도 열심히 일했다. 하루도 쉬지 않고 일했다. 순간 고생의 순간들이 주마등처럼 스쳐 간다. 매장 막 오픈해서 허둥지둥 앞가림 못 하고 있을 때 오픈 축하하러 와준 정민이와 창범이 그때의 고마움이란 평생 잊지 못할 거다. 너희의 힘과 용기로 난 불안한 맘을 잠재우고 일어설 수 있었다. 또한 걱정과 두려움에 점심을 굶고 일하고 있는데 밥 챙겨 먹으라며 자장면 시켜주고 간 형왕이, 그때 생각하면 눈물이 난다.

2011년 아버지가 패혈증으로 사경을 헤매고 계실 때 정민이와 창범이는 동원이와 함께 병문안도 와주었다. 난 그때 매장 챙기랴, 아버지 간호하랴 사람이 아닐 정도로 피폐했었다. 다행히 아버지는 건강을 회복하셨고, 지금도 가끔 너희들의 안부를 물으신다. 지난 4월 우리 할머니 돌아가셨을 때 조문 와준 태익, 상우도 고마웠고 같이 위로해준 여러 동기도 감사했다. 기쁨과 슬픔을 함께 나누는 친구들이 없었다면 8년간의 인내와 결실은 결코 없었을 것이다.

이제 쉬면서 동기들 애경사에 적극적으로 동참해주고 얼굴 보면서 빚을 갚아나가련다. 쉬면서 뭘 다시 시작해야 하나? 앞으로도 가장으로서 무슨 일을 해야 하나? 참 고민이 많이 선다. 뚜렷한 계획 없이 덜컥 폐업하는 거라 더더욱 걱정근심만 쌓여간다. 일단 당분간 쉬면서 차츰 생각해봐야겠지! 새로이 펼쳐질 나의 제2 인생에 격려도 좀 해주고 현재 각자의 일터에서 중간자급 역할을 하고 있을 동기들도 응원해줘야겠다.

삶은 곧 전쟁이지만 전쟁터에서도 삶과 사랑은 꽃피운다. 양어깨에 드리워진 가장의 무게를 오늘만이라도 잠시 내려놓고 가을하늘의 청명함 좀 감상하자꾸나. 고추잠자리의 여유로운 비행도 감상하면서.

오늘 날씨 참 좋다.
난 이제 좀 쉬련다.

2016년 11월 17일 목요일

After…

2016년 11월 30일 매장 폐업 후 오롯이 나 자신과 가족을 위해 2년이라는 시간을 사용했다. '쉼표'의 시간은 '느낌표', '물음표', '줄임표', '따옴표' 등 내 인생의 또 다른 새로운 이야깃거리를 가져다주었다. 쉬는 것도 잘 쉬고 볼 일이다. '쉼표'는 정확히 2년이 된 2018년 11월 30일부로 '마침표'를 찍었다.

나는 지금 어디에 서 있는가?

2017년 마지막 태양을 서산 너머로 떠나보내며 나는 지금 아파트 뒤 공원에 홀로 서 있다. 정면을 응시하기 힘들 정도로 밝게 빛나던 태양은 찰나의 순간 그 열기가 사그라졌고 잠시 후 주변을 온통 홍조 빛으로 물들이며 사라져갔다. 10여 분 남짓 남아있던 노을의 끝 무리가 짙은 어둠으로 덧칠되어가자 어둠 속에서 서산의 공제선이 드러나기 시작했다. 2017년의 마지막 어둠은 태양을 거두어 가는 대신 마지막 달님을 내놓기 시작했다. 보름을 하루 앞둔 달님은 가로등 위에 걸터앉아 열심히 살을 찌워가고 있었다.

여기저기 새해 전화 인사를 드려본다. 늘 똑같은 상투적 멘트에 비슷한 통화 시간으로 진심을 담아보지만, 왠지 모를 헛헛함, 허무함, 외로움이 내 온 육신에 가득 밀려오기 시작한다. 과연 2017년 올해를 난 잘 보낸 건가? 그리고 내년 2018년은 또 어떻게 보낼 것인가?

나는 지금 어디에 서 있는가?

유아기 소년기를 지나 학업과 성적에 압박을 받으며 자아를 찾아갔던 질풍노도의 10대를 거쳐 성장해왔다. 대학 캠퍼스의 낭만을 느끼고 피 끓는 사랑을 나누며 군대 및 직장의 초석을 다졌던 20대의 시간은 거칠었다. 사회라는 치열한 전쟁터에서 가정을 꾸리고 부모가 되어 좌충우돌 육아에 돌입했던 30대는 정신없었다. 그리고 지금은 직장에서 성과와 실적, 책임을 져야 하는 '나'라는 존재와 가정에서 경제와 여가를 돌보고 주변을 챙겨야 하는 삶에 지친 '나'라는 존재로 서로 다른 역할로 무거운 짐을 짊어지고 나아가야 하는 40대 중반의 길을 걷고 있다.

나에게 있어 2017년은 내가 나에게 선물해준 포상 휴가의 시기였다. 1년을 통째로 쉬면서 그동안 못 누렸던 삶의 달콤함도 만끽하고 소진된 체력도 재충전했다. 그야말로 하고 싶은 거, 먹고 싶은 거, 가고 싶은데 다 가보며 오롯이 나만의 시간을 즐겼다. 하지만 늘 채울 수 없는 배고픔과 아쉬움은 아직 남아있다. 사업에 매진하는 지난 8년 사이 우리 애들도 그사이 훌쩍 자라 유년기에 누릴 수 있었던 행복을 놓쳐버렸다. 어린아이들을 손잡고 놀이공원에서 청룡열차를 타고, 워터테마파크에서 파도풀을 탈 수 있는 소소한 행복의 시간도 더는 가질 수 없다. 지금을 당장 놓치면 내일 오늘 할 일을 제대로 할 수 없듯이 말이다.

하늘과 같았던 할머니라는 존재를 떠나보내야 했다. 할머니는 늘 자신보다 가족이 우선이셨고 당신의 존재는 없으셨다. 당장 내일을 위해 나 자신과 내 가족을 희생하며 살아왔던 내 인생에 의문부호가 붙여진다. 과연 이게 맞는 삶일까? 오늘이 없다면 내일도 없을진대 오늘을 희생하면 과연 내일이 행복해질까? 라는 철학적 질문을 해본다. 오늘 누려야 할 삶과 내일 누려야 할 삶이

다르듯 우리 인생은 매일 매일 리셋 되어 새로운 삶을 살고 있다. 또한 오늘 내 곁에 있는 사람이 내일 갑자기 사라질 수도 있는데, 과연 오늘을 투자하여 내일 곁에 있는 사람과 행복을 나눌 수 있을지 그것 또한 의문이다. 내일만을 위한 삶은 겉으로는 아름다운 미래를 표방하고 있지만, 내면으로는 일그러지고 찌들어버린 오늘이 있기 마련이다.

나는 2018년 남은 포상 휴가가 끝나면 새로운 인생을 출발해야 한다. 불안하지만 새로운 삶을 선택 할 것인가, 아니면 육체적으로 힘들지만, 안정적인 삶을 선택 할 것인가? 그 무엇을 선택하든 답은 하나인 듯싶다. 결코 내일을 위한 오늘의 희생이 아닌 하루하루를 즐겁고 행복하게 살아야 한다는 것이다. 먼 훗날 깊고 긴 잠을 자고 일어나 눈 떠보니 갑자기 청년에서 노인이 되어버린 듯한 슬픈 상상을 하고 싶지 않다. 결코 최선이라는 단어 속에 오늘을 인생에서 지우지 말자! 그러기 위해선 내년 2018년 한해 열심히 쉬면서 준비를 잘해야 한다.

모두, 2017년 잘 마무리하고 다가오는 2018년 무술년도 가정에서 직장에서 승승장구하고 건강한 해가 되어보길 기원해본다. 나는 지금 인생의 하이웨이 어느 휴게소에서 원정을 위한 출발을 앞두고 있다. 사랑하는 내 가족과 함께 떠나는 원정길에는 기타를 메고 하모니카를 불며 행복과 동행할 것이다. 내비게이션은 끈 채 말이다.

2017년 12월 31일

After…

2018년 대부분을 통째로 쉰 후 현재는 알바를 뛰고 있다.

소소한 알바라 할 수 있지만 나를 필요로 하는 업무와 시간이 있다는 것! 참 행복한 일이다. 비록 예전의 수입은 기대할 수 없지만 나름 안분지족의 삶도 충분히 만족한다. 역시나 모든 일과 행복은 어떻게 마음먹냐에 따라 만족도가 갈리는 듯싶다.

뒤늦은 원서

오늘 TV를 보니 서울 마곡식물원이 개장한다는 뉴스가 뜨더군! 웬 마곡식물원?

처음 들어 본 장소라 인터넷에 바로 검색을 해봤지! 근데 강서구 마곡동에 벌써 몇 년 전부터 식물원이 조성 중이었다는 거야! 그 규모도 여의도 공원의 2배, 동양 최대 규모의 관광식물원이라 불리는 제주 여미지 식물원의 5배 크기로 엄청나더라고! 메인페이지를 장식하고 있는 서울 '보타닉 파크(Botanic Park)'라는 거대 안내판! 내가 '보타닉'이라는 말도 무슨 말인 줄 몰라 찾아봤더니 식물을 뜻한다고 나와 있대! 이제 여미지 식물원의 동양 최대 타이틀도 마곡식물원으로 넘겨줘야겠군!

그나저나.

이렇게 크게 조성되는 공원을 왜 난 여태 몰랐대? 한여름 에어컨 설치 보조 알바 시 에어컨 물류센터가 마곡동에 있어서 하루에 두 번씩도 지나쳤던 곳인데! 이런 무지렁이가 따로 없다. 서울시에서는 열린 숲 공원, 호수공원, 습지생태원도 식물원과 더불어 조성하여 명실공히 서울시의 아름다운 랜드 마크로 만들 계획이라고 대대적인 홍보도 한다. 일단 오늘부터는 무료 임시개장을 하고 내년 5월부터는 유료로 할 거래! 눈여겨보며 여기저기 검색하는데….

근데 채용공고가 떠 있는 거야. 날짜를 보니 아뿔싸? 이미 9월 초 중순에 공고했었고 채용이 대부분 완료되었네! 자세히 보니 그중 하나가 모집인원이 모두 채워지지 않아 재공지 되어 있더라고. 앗싸! 열심히 2시간에 걸쳐 자기소개서를 작성하고 원서작성을 했지. 근데 원서를 보내려고 하니 공고에 접수처가 기재되어 있지 않더라고. 궁금해서 전화로 물어봤더니 이미 이것도 지난 3일 접수가 종료되어 현재 면접 중이라더군! 2년 가까이 쉬어 왔던 터라 마땅한 일자리를 꾸준히 알아보고 있었는데. 게다가 대학교 전공 관련 업무이고 준 공무원직이라 기대하고 열심히 원서작성 했는데 정보가 늦어 한발 늦어버렸네! 자기소개서도 선발이 안 될 수 없을 만큼 기가 막히게 작성했었고. 딱 내 적성에 맞을 일이었는데 억울해서 어쩌나? 너무도 안타까워 재차 전화로 추가모집이나 채용 예정 여부에 관해 물었지. 하지만 정원이 모두 차서 선발계획이 없다 하네!

허탈함에 광속 로그아웃을 했다.

2018년 10월 11일 목요일

After…

그 후로 더는 거짓말처럼 직원모집을 하지 않았다. 하는 수 없이 난 다른 직장을 수없이 노크했다. 낙방을 거듭한 끝에 겨우 간택된 나의 인생 제2의 직장! 비록 내일을 내다 볼 수 없는 알바지만, 지금 이 순간이 행복하다는 건 참으로 감사한 일이다. 현재 나의 직업은 행복한 알바생이다. 속상했지만 5월 1일 정식 개장 날짜에 맞추어 구경을 다녀왔다. 서울의 도심에 이보다 너 자연에 가깝고, 친인간적이며, 친환경적으로 조성된 거대 공원이 또 어디에 있을까? 서울 사막 속 한 중앙에 있는 오아시스! 누가 보면 마치 내가 서울식물원 홍보 관계자라도 되는 줄 알겠다. 이참에 서울식물원 근처로 이사나 갈까? 그래서 이 넓디넓은 공원을 우리 집 정원화 하면 얼마나 좋을까?

가을 영화

가을 햇살과 공기가 그리워 무작정 길을 나섰다.

몸은 나른한 휴식을 원하고 있었지만 의식의 힘으로 겨우 물리쳤다.

발길이 닿은 곳은 상암동 억새 축제 현장인 하늘공원.

그러고 보니 오늘이 축제 마지막 날이네!

찌푸린 하늘 사이로 간헐적으로 쏟아지는 햇살이 유독 더 따사해 보이고 스산한 가을바람은 억새와 함께 춤을 춘다.

떠나가는 가을을 붙잡기 위해 형형색색의 옷을 입은 관광객들은 억새밭을 비집고 들어가 연신 사진 찍기에 바쁘다.

저마다들 연인끼리, 가족끼리, 친구끼리 사랑과 우정은
하늘공원의 핑크뮬리와 댑싸리의 색처럼 짙어져 간다.

억새 바다의 물결 위에 홀로 서서 가을을 담는다.
홀로 여행은 늘 익숙지 않아 잠시 외로움을 잊으려
그들의 이야기 소리를 귀 기울여 청취한다.

억새들이 나부끼며 부딪치는 소리, 바람에 실려 온 겨울 소리,
울창한 나무속 새들 소리. 사람들의 대화 소리들 조차도 소음이 아닌 가을 소리로 들려온다.

모처럼 만의 망중한에 취해본다.
가족 구성원들의 각각의 고민은 지금, 이 순간만큼은 내려놓는다.
대신 소원성취 리본을 작성하여 하늘 소원함에 편지를 띄운다.

깊어가는 가을 영화는 절정의 스토리로 달려가고 있다.
필름 돌아가는 소리는 겨울을 재촉하고 있는 듯하다.

나는 지금, 이 순간 영화 속 주인공이 되어 가을을 놓치고 싶지 않을 뿐이다.

2018년 10월 18일 목요일

After…

가을 영화는 종료되고 곧이어 동시상영으로 또 다른 영화가 계속 상영되었다.

'가을의 전설'은 'Love story'의 이야기로 '프라하의 봄'에 이르러서야 비로소 알려졌다.

5분만 걷자 하며 걷다가 무심코 50분을 걸었다.

진관사까지만 가보자 하다가 얼떨결에 삼천사까지 와버렸다.

한 고민만 털어내자 하다가 생각이 깊어져 추가 고민을 덤터기 당해버렸다.

오가는 사람 모두 등산복과 외출복이 오색단풍만큼이나 화려하다. 집에서 입는 추레한 츄리닝에 발등을 덮는 슬리퍼 차림의 간단한 복장은 날 움츠리게 했다. 이럴 줄 알았으면 모자라도 뒤집어쓰고 나올 걸 하고 순간 후회감이 밀려온다.

뭐 어때?

난 집이 요 근처라 걸어가도 코앞 인걸? 저분들은 또 한참을 버스 타고 지하철 타고 되돌아가야 할 거야!

스스로 위안 삼으며 따뜻한 집으로 발길을 재촉한다.

어느새 서리가 내리기 시작한다는 늦가을의 상강에 도달했다. 눈 깜짝할 새 40대 중반에 온 것처럼, 의도치 않게 먼 길을 걸어 온 것처럼 시간은 뒤를 주지 않고 KTX처럼 쏜살같이 달려간다.

그래도 오늘 난 부자다.
이 가을을 온전히 눈에 담았잖아!
손톱에 봉숭아 물처럼 단풍을 물들였잖아!

그새 열차 출발한다는 안내방송이 흘러나온다.
삶은 계란을 먹은 것 마냥 가슴이 다시 먹먹해져 온다.
다음 정차역까지 또 얼마나 빠른 속도로 달려갈까?

이럴 땐 비둘기호 열차가 그리워진다.

2018년 10월 23일 화요일

After…

겨울이 가고 어느새 새봄이 찾아왔다. 미세먼지에 가린 봄날이 희뿌옇게 보이지만 그래도 만물이 기지개를 켜는 봄은 봄이다. 역시나 시간은 KTX처럼 빠르게 달려왔다. 중간 멈췄던 정거장들이 하나도 기억나지 않을 정도로.
기관사분께 여기서 좀 쉬자며 부탁드려야겠다. 이 좋은 봄날을 그냥 보내는 건 이건 아니잖아!

갑을 면접

불과 2년 전까지만 해도 내가 앉았던 자리는 이 자리가 아니었다. 난 넥타이를 바로잡고 옷매무시를 가다듬으며 머리 가르마에 힘을 부여했었다. 질문지를 검토하고 면접자들의 신상을 훑어보며 회의실 면접관 중역 의자 한자리를 차지했었다. 그랬었던 내가 지금은 책상 맞은편 자리에 앉아 폭풍 같은 질문 세례를 쏟아받고 있다. 면접관들의 눈빛은 날카로웠고 그들의 채점하는 소리는 간담을 서늘하게 했다.

가장 최근 면접이 언제였었는지 기억도 안 난다. 그러니까 군 전역을 앞둔 시절 2004년 5월쯤이었던 걸로 기억한다. 청년이라 하기엔 다소 늦은 나이인 30세였던 난 당시 취업을 위해 물불 가리지 않고 원서를 집어넣었다. 또한 부지런히 면접장을 따라다녔다. 내게는 책임져야 할 아내와 2살 아들이 있었다. 전역과 동시에 당장이라도 돈을 벌어야 했다. 쉴 여유가 없었고 속히 사회에 적응해야만 했다.

남들 앞에서 말하는 거라면 자신이 있던 나였다. 군대 시절 지휘관, 인사장교 임무 등을 수행하며 수많은 병력 앞에서 원고 없이 2시간을 떠들어대기도 했었다. 그러나 면접관들의 예리하고 서슬 퍼런 질문들 앞에서 난 제대로 난도질당했다. 군대와 사회의 속성을 동일시 치부했던 자체가 오류였다. 시간이 흐를수록 자신감은 바닥을 치기 시작했다. 면접을 당하기 위해 면접장으로 들어서는 난, 흡사 고대 로마 원형경기장으로 들어서는 검투사의 심정과 같았다. 그들의 요구대로 난 살기 위해 이들 중 누군가를 반드시 죽여야 했다. 이름 모를 검투사였던 난 패배를 거듭하다 기어코 한 번의 승리를 거머쥐고 자유의 몸이 되었다.

이렇게 시작된 사회에서의 첫 직장생활은 군대보다 몇 곱절 더 힘들었다. 이를 이겨내기 위해 군에서 얻은 영예와 허물을 버리고 밑바닥에서부터 기반을 다시 갈고 닦았다. 점차 능력을 인정받고 출중한 성과도 내며 잠재적 역량을 발휘하기 시작했다. 이어서 본사로 스카우트되어 근무하다 2008년 12월 개인 사업으로 전개하였다. 자영업의 시작은 다들 그렇듯 녹록지 않았다. 결국엔 시간과 노력, 열정과 친절, 사업 아이템의 싸움이었다. 난 검투장에서의 2라운드 싸움에서도 멋지게 승리를 움켜쥐었다. 열에 여덟은 나가떨어진다는 싸움에서 나는 또다시 살아남았다.

지난 자영업 8년! 싸움의 열매는 달콤하였으나 온몸에 문신처럼 새겨진 상처는 컸다. 가족의 의미도 가정의 단란함도 아무것도 찾을 수 없었다. 오로지 일에만 전념했었다. 우리 가족은 치료할 시간이 필요했다. 몸도 마음도 지쳐버렸다. 그래서 과감히 사업을 접었다. 다들 미쳤다 했다. 이렇게 젊은 나이에 그것도 안정된 사업장을 접는 나를 붙잡았다. 그런데 그들은 금메달리스트

목에 걸린 금메달의 화려함만 볼뿐 유니폼 안의 흉터는 보지 못했다. 때론 부러워하며 시기 질투도 했다. 나를 진정 이해해주는 이는 아무도 없었다.

그렇게 2년이라는 시간이 흘렀다. 치료와 휴식의 시간이었다. 가족여행들 속에서 훌쩍 자라버린 아이들과도 가까워지고, 아내의 가정 일을 도우며 주부습진에도 걸려봤다. 무엇보다도 내가 나에게 준 여유라는 선물은 보상이 되기에 충분했다. 틈틈이 산을 읽고 바다를 쓰며 바람 소리를 듣고 하늘과 대화를 나누었다. 나뭇잎은 반창고가 되고, 꽃은 거즈가 되었으며 과즙은 연고가 되어 나의 상처를 아물게 했다. 이제 다시 제2의 인생을 시작해야 할 때가 온 것이다.

자영업을 하면서 직원을 뽑기 위해 숱한 면접을 봤다. 파르르 떨려 하며 긴장된 모습으로 면접 보던 그 친구들 얼굴이 순간 그려진다. 단 몇 분간의 질문으로 그들의 인생을 재단하고 평가하며 점수를 매긴다. 실수는 용납하지 않는다. 겉으로 드러나는 스펙과 외모로 이미 면접자는 누굴 선발해야 할지 8할을 결정한다. 어쩌면 요식행위에 불가했던 면접을 난 리드해왔고 결정해왔다. 건너편에 마주 앉은 구직에 간절했던 그들을 이런 식으로 짓밟아왔는지도 모르겠다.

사이트를 뒤지고 뒤져 군 관련 구직정보를 얻게 되었고 원서를 넣었다. 그래도 장교 출신이라 군 관련 업무가 내게 맞을 듯싶어 선택했다. 다행히 서류심사에서 합격하고 오늘 드디어 14년 만에 면접을 봤다. 떨리는 건 없었다. 나이 40대 중반에 면접이라!! 그저 이 상황이 묘하고 웃음만 나올 뿐이다.

경쟁률은 3대 1! 역시나 내가 가장 나이가 많다. 어린 친구들에 비해 내세울 것도 없다. 다들 스펙도 화려하고 외모도 모두 준수하다. 내 기준으로는 이미 난 탈락자다. 하지만 난 그들보다 인생 경험이 많고 사회 경험도 풍부했다. 면접관들의 질문에 막힘없이 대답했다. 면접관들이 대다수 고위직 군인들이라 오히려 상대하기 편했던 이유도 있겠다. 일명 산전수전 공중전까지 경험했던 내가 그 누굴 두려워하랴! 오히려 면접 시간이 짧았던 게 아쉬움이라면 아쉬움이었다.

주사위는 던져졌다. 이제 최종결과 발표만 기다릴 뿐이다. 지난날엔 검투사의 심정이었다면 오늘은 입양을 대기하는 아기의 심정이었다. 나는 선택권이 없다. 새로운 부모로부터 선택을 받기만 기다릴 뿐이다. 하지만 입양을 못 간다고 한들 또 어떠하리? 지금 내가 누워있는 베이비박스도 충분히 안락하고 행복하지 않던가? 그래도 면접은 갑일 때가 좋더라. 이거 을이 되니 도통 오줌 마려워서 원!

2018년 11월 5일 월요일

After···

합격자 발표 결과, 난 낙방이 되었다.

역시 젊은 친구들에게 나이로 밀린 듯싶다.

이해한다. 나이 든 직원을 다루며 함께 근무하는 게 여간 어렵다는 것을.

하지만 면접 잘 보고도 떨어지는 이 씁쓸한 기분은 어디서 달랠까?

아예 처음부터 면접 장소에 부르지 말든지.

지난 12월부터 알바를 시작했다. 씁쓸한 기분을 알바에서 달래고 있는데 제법 쏠쏠하다. 이 알바 일을 안 했으면 얼마나 후회했을까 하며 가슴을 쓸어내린다.

만약 면접에 합격했으면 지금 알바는 쳐다도 안 봤을 거 아냐?

떨어지길 잘했다. 그 일보다 지금 알바 일이 훨씬 더 좋다.

인생은 참 모를 일이다.

지금 어디?

지금 내가 있는 곳은 어디?

설악산? 태백산? 북한산?
덕유산? 내장산? 지리산?

아니.

우리 아파트 단지 내 화단!

화단!
너도 올가을이 부러워
단풍을 가슴에 품었구나!
붉은 저고리와 치마를
입은 너의 모습 곱디곱다.

분홍 작약과 노랑 튤립에게

지난봄 곁을 내주며
꽃 향 가득한 아파트를 만든 넌
진정한 우리들의 보배다.

이젠 한낱 세 평 따위도 안 되는
텃밭이라며 놀리지 않을게
네가 없었다면 아마도 이곳은
회색 세상이었을 거다!

머잖아 순백색 한복으로
갈아입을 너의 자태 벌써 보고 싶구나!
그때는 내가 너의 머리에
비녀를 꽂고 아얌을 씌워주마!

2018년 11월 6일 화요일

After…

올겨울 순백색 한복을 입은 너의 모습 너무도 아름답고 단아해 보였다. 그 모습 그대로 간직하려 난 발자국조차 남길 수 없었다.
올봄에 변신할 너의 모습이 벌써 기대되는구나!

이 해가 간다 이해가 간다

나 이런 사람 정말 이해 안 된다. 이번 주만 해도 아래 항목 중 8가지를 봤다.

1. 한밤중 검은색 계열 옷 입고 왕복 6차선 도로를 무단 횡단하시는 아주머니! 이해한다. 그러나 후다닥 건너지 않고 부딪치는 한 중앙에 서서 차량이 멈출 때까지 손만 들고 서 있는 심리는 뭘까?

2. 지하철 내에서 적막을 깨트리고 큰 소리로 전화 통화하며 소음공해 주는 아저씨! 이해한다. 그러나 20여 분 넘게 시시콜콜 미주알고주알 듣고 싶지 않은 권리까지 뺏어가는 폭력은 알고 있을까?

3. 차선 유지하며 정속주행 하는데 늦게 간다며 클랙슨 울리고 쌍라이트 켜는 운전자 양반! 이해한다. 그러나 추월 통과하며 창문 열어 욕할 것까진 없잖아! 은행에서 목숨이라도 대출받았나?

4. 길거리에서 전단을 나눠주는데 받고선 곧바로 길바닥에 버리는 사람들! 이해한다. 그러나 굳이 갈기갈기 찢어 버릴 건 없잖아! 새벽에 길거리 청소하시는 분들, 빗자루질하시느라 죽어나신다.

5. 식당에서 밥 먹는데 자기 자식들 소중하다며 고성방가 뛰어다니는 애들 방치하는 부모들! 이해한다. 그러나 서빙하시는 분들과 충돌하고 손님들과 부딪치고. 그러다 다치면 사장에게 책임물을 거지?

6. 극장과 공연장, 콘서트장에서 후레쉬 켜고 사진 찍는 불편러들! 이해한다. 그러나 중요 순간에 진동, 무음 대신 벨 울려서 맥을 끊는 행위는 무엇인가! 관심받고 싶은 관종인가? 맥 치료사인가?

7. 공공장소 및 기관에서 담배 연기 내뿜으며 공기 오염시키는 분들! 이해한다. 그러나 바닥에 꽁초 버리고 가래침까지 뱉으면 너무나 역겹다. 생각해보라! 당신 집 앞에 누가 가래침 뱉어놨으면 욕 할거지?

8. 가족이나 친구끼리 야유회 놀러 가서 사랑과 추억은 만들고 쓰레기는 놔두고 오는 분들! 이해한다. 그러나 눈에 안 띄게 땅이나 모래, 물속에 버리는 건 뭐냐? 이 자연은 당신 후대가 누려야 할 자원이다.

9. 버스나 지하철, 판매점, 공연장 등지에서 몇 시간째 줄 서서 대기하고 있는데 몰래 새치기하는 분들! 이해한다. 그러나 죄송하다 하면 될 것을 굳이 원래 자기 자리였다며 우기면 하늘도 모를 줄 알았더냐?

10. 전화 상담원, 판매원, 종업원 등에게 사소한 건으로 갑질하시는 이른바 진상 고객님들! 이해한다. 그러나 금전적, 정신적 피해까지 요구하면 너무 나간 거 아니냐? 너는 영원한 갑일 줄 알았더냐?

이 세상엔 타인을 위한 조그마한 배려와 이해만 있다면 얼굴 찌푸릴 일도 없을 아주 사소한 비매너들이 너무 많다. 이해해야지, 이해해야지 하면서도 정말 이해가 안 갔었는데 연말이 되니 비로소 이해가 간다.

이제 2018년도 남은 날짜는 3일! 2018년 이 해가 가니 나도 이해가 간다. 이 해가 가면 2019년 황금돼지해에는 모두가 서로 배려하고 행복을 나누는 따뜻한 사회가 되었으면 한다.

새해 복 많이 받으세요!

2018년 12월 28일 금요일

After…

이 모든 게 '화'와 타인을 배려하지 않는 태도에서 비롯되었다.

'화'를 내려놓으면 비로소 내가 보이고, 내가 행하기에 앞서 타인을 먼저 한 번만 생각한다면, 비로소 우리가 보이게 된다.

2019년 이 해에도 더 많은 것을 이해하며 살자!

4. 꿈은 이루어진다

안데스여 어깨를 세워라!

콘도르여 날개를 펼쳐라!

어서 빨리 너의 웅장하고도

요동치는 심장 소리를

듣고 싶구나!

꿈은 이루어진다!

꿈은 이루어진다

고등학교 적 친한 친구의 집엔 오래된 LP판이 많았다.

처음엔 그 LP판이 신기하여 한 장 한 장 읽어보는 거로 시작하다 차츰 턴테이블에 돌려 듣곤 했다. 시간이 지날수록 일부러 음악을 듣기 위해 친구 집을 놀러 갈 정도까지 되었고 점점 난 특유의 아날로그적 감성에 빠져들어 갔다.

그 음반 중 내가 가장 좋아했었던 '쿠스코 음악'! 아마도 '쿠스코 음악'이 아니었다면 남미라는 대륙의 매력을 알아차릴 기회가 없었을 것이다. 난 '쿠스코 음악'의 잉카댄스를 들으며 마추픽추의 용맹한 전사가 되었고, 엘 콘도르 파사를 들으며 콘도르가 되어 안데스의 설원과 자연을 자유롭게 날아다니는 환상에 빠지게 되었다. 그때부터 남미 여행의 꿈은 꿈틀대기 시작했다.

중남미 여행은 대부분의 여행자가 평생 꿈꾸는 버킷리스트 이자 여행의 성지라 할 수 있다. 그러나 지구 반대편에 위치한 대륙을 장거리 비행의 이유와 부담스러운 여행경비까지 들여 다녀오기란 무척이나 어렵다. 더군다나 경제행위를 오랜 기간 중단하면서 시간을 빼기란 더더욱 엄두가 나지 않는다. 그래서 사업하시는 분이나 직장인이나 여러 여건과 주변 눈치 속에서 의례 포기하는 여행지 중 하나이다. 나 또한 남미 여행은 아주 먼 미래의 꿈으로만 치부했었다.

그런데 오늘 그 꿈이 이루어졌다. 두 달 전부터 친동생과 단둘이서 중남미 여행을 조용히 계획했었고 드디어 오늘 출발하게 된 것이다. 현실의 어려움과 장벽들은 과감히 접어두기로 했다. 40여 년 만에 함께하는 사랑하는 남동생과의 여행 자체만으로도 이미 설렘과 행복이 가득 찼다. 내 눈앞에 펼쳐져 있는 남미 대륙의 첫인상은 과연 어떤 모습일까?

콜럼버스가 신대륙을 발견했을 때 바로 이런 기분이었을까? 그 심정으로 안데스의 입술에 키스할 것이다. 콘도르의 가슴을 품어줄 것이다. 지난 3일간 앓았던 지독한 설사 또한 여행의 한 과정이었으리라! 자연이 주는 그대로 욕심 없이 모든 걸 받아들이며 이 순간을 즐기리라!!!

안데스여 어깨를 세워라!
콘도르여 날개를 펼쳐라!
어서 빨리 너의 웅장하고도 요동치는 심장 소리를
듣고 싶구나!
꿈은 이루어진다!

2019년 2월 13일 수요일

1달러

무자비한 스페인 해적 일당들에 의해 하루아침에 멸망해버린 고대 잉카제국의 화려함은 아주 깊숙이 감춰져 있었다. 아니, 감춰져 있다고 하기보다는 지난 3백 년의 식민지 지배 기간 동안 모래 한 톨까지 자국으로 모두 약탈해 가버린 바람에 지금은 거의 찾아볼 수가 없었다.

케추아어로 배꼽이라는 뜻을 지닌 '쿠스코'! 그 쿠스코 한 중앙에 아르마스 중앙광장이 있으며 북쪽으로 산토도밍고 성당이 있다. 그런데 1950년대 강력지진으로 산토도밍고 성당이 붕괴했고, 무너져버린 성당 내부에서 견고하게 남아있던 잉카제국의 코리칸차 신전이 발견된 것이다. 당시 잉카제국은 남아메리카를 지배하던 거대국가였다. 그들은 태양신을 숭배하면서 각 부족을 통합했고 태양신을 모시기 위한 코리칸차 신전 등 다수의 신전을 건축했다. 그러나 화려했던 잉카 문명에도 3가지가 없었다 한다. 기록문화! 즉 문자가 없었고, 철기문화! 무기를 만드는 기술이 없었으며, 술의 문화! 알코올의 필요성을 전혀 느끼지 않았다. 그들의 전성기였던 15세기 중후반 그들은 종교적 힘과 잉카인들의 자부

심만으로 화려한 제국을 완성했던 것이다.

철제 도구 없이 오로지 돌로 견고한 석축을 다듬었으며, 문자 없이 정확히 태양신을 모시는 날짜를 알아냈다. 코리칸차 신전이 얼마나 화려하고 견고했는지는 현재 남아있는 그들의 석축을 보면 알 수 있다. 종이 한 장 들어갈 수 없이 돌을 깎아 이어붙이고, 내부엔 쐐기 홈을 만들어 그 어떠한 충격에도 견뎌내게 했다. 당시 견고함과 화려함에 자존심이 상했던 스페인 제국은 이 신전을 허물어버리고 그 뼈대 위에 그들의 돌을 쌓아 성당을 지었던 것이었다. 신전 내부는 모두 황금으로 칠해져 있었고 무수한 황금 유물 또한 많았었다고 전해지는데 지금은 약탈로 인해 하나도 남아 있지 않다고 한다.

만약 그들의 언어 속에 문자가 있었으며 철기를 다루는 기술이 있었으면 어떠했을까? 겨우 160여 명 해적단의 총칼 앞에 돌도끼와 몽둥이로 그들의 문명을 지켜내기엔 딱 거기까지였을 것이다. 나라가 망한다는 건 곧 국민도 망한다는 것일 거다. 그들은 감히 우리의 일제 강점기와 견줄 수도 없는 3백여 년의 식민 지배를 당하며 유린당하여 왔다. 비록 문자는 없었다고는 하나 그들의 언어 또한 현재는 거의 사라졌으며 지금은 스페인의 언어와 문자를 사용한다. 지난 3백여 년 동안 그들은 모든 걸 잃어버리고 잊어버렸다.

쿠스코 현지를 관광하며 여기에 생업을 이어가고 있는 많은 페루 시민들을 만나볼 수 있었다. 그들은 과거부터 대물림 당해온 가난을 그대로 이어받아 자가 수공제품 판매, 사진 모델, 거리 구걸 등으로 삶을 영위하고 있었다. 판매품들은 직접 실로 꿰맨 장식 도구들, 단소 모양의 악기, 부적물, 옷 등 그 종류도 다양했다. 모델들 또한 라마나 자녀를 대동하거나, 전통 복장을 갖추고 흥미를 유발하거나 하는 등 그 수단 또한 다양했다. 거리에 내몰린 구걸인들은 남루한 복장에 연령대를 따로 구분할 수 없었다.

단돈 1달러! 페루 화폐가치로 약 3솔!

페루의 삶을 대변하고 있는 이들이 모델료로 지급받는 돈이다. 모델 등은 관광객들이 지나가는 도처 도처마다 위치하여 모델을 자처하며 호객행위를 하고 있었다. 가장 인상 깊었던 분은 젖먹이를 안고 모유 수유를 하며 '1달러'를 외치던 젊은 여성이었다. 잉카의 황금 제국이 지금까지 유지되었더라면 민초들의 삶이 저토록 힘들었을까? 우리가 힘겹게 살던 1960년대의 건물과 사람들이 지금 내 눈앞에 그려져 있다.

그러나 그들은 단돈 1달러에 그들의 영혼을, 초상권을 팔고 있었으나 표정은 모두 너무나 밝아 보였다. 어쩌면 그들의 표정 속에서 앞으로 페루의 밝은 미래를 그려 볼 수 있을지도 모르겠다. 그들을 동정하지 않고 정당한 대가를 지불하며 난 그들로부터 귀한 사진을 얻었다. 그들이 없었다면 페루의 화려했던 과거의 기억만 가져갔지 기대되는 페루의 내일을 보지 못 했을 것이다. 그런 면에서 바라본다면 그들은 페루의 진정한 전도사이자 애국자이다.

다음 목적지를 향해 돌아서며,

우리 역사의 아픔과 동질성을 느끼며,
그들의 화려했던 문명을 뒤돌아보며,
난 그들에게 큰소리로 외친다.
'그라시아스'

2019년 2월 15일 금요일

네 잎 클로버

쿠스코에서 마추픽추로 가기 위한 관문인 우루밤바에서 하루 숙박을 하고 이른 새벽 숙소를 나섰다. 미세먼지 하나 없이 뻥 뚫린 하늘이건만 별빛조차 보이지 않으니 날씨가 심상치 않다. 마추픽추 행 기차역이 있는 오얀따이 땀보 마을까지 버스로 30분 이동하는 동안 아니나 다를까 비가 부슬부슬 내리기 시작한다. 잉카의 신이, 내 친구인 비 녀석이 이번 중남미 여행의 이유이자 하이라이트인 신비의 도시, 잃어버린 도시의 방문을 쉽사리 허락하지 않을 모양이다. 입속으로 '제발 제발' 주문을 외우며 하늘이 열리기만을 간곡히 기도한다.

오얀따이 땀보 마을은 고대 잉카 도시를 방어하기 위한 최전방 군사도시이자 계획도시로 당시 용맹한 장수의 이름을 따 세워졌다고 한다. 도시 앞에 우루밤바강이 사시사철 마르지 않고 아마존강으로 흘러가고 있다 하여 물의 도시라고도 불리고 있다. 당시엔 인구도 많았고 도시의 규모가 꽤 컸다고 전해지나 지금은 조그마한 시골 마을 규모의 소박한 기차역 마을이다. 그러나 마추픽추로 가는 최근접 기차역이기에 여러 여행자의 발길이 끊이지 않는 곳이다. 이곳에 있는 오얀따이 땀보 역에서 기차로 1시간 30분을 이동하면 마추픽추 역에 도착하게 된다.

죽음의 계곡이라 불리는 골짜기와 요동치는 우루밤바강을 타고 기차가 잉카의 심장 속으로 깊숙이 들어간다. 벅찬 가슴을 주체할 수가 없다. 과거 잉카인들이 쿠스코에서부터 6박 7일간에 걸쳐 걸어 들어갔다는 이 길을 난 너무도 편히 들어가고 있어 죄스러움도 뒤따라온다. 현재는 페루관광청에서 잉카 트래킹이라 하여 여행상품을 개발, 유사한 코스로 트레킹족들이 걷는 상품도 있다고 한다. 실제로 창밖 너머로 아찔한 비탈길을 따라 걷는 트레킹족들을 간간이 볼 수 있었다. 해발 3400m 이상 고산지대에서 터질 것 같은 고산병을 이겨내며 한 걸음 한 걸음 걸어 나가는 그들에게 감탄사가 절로 나왔으며, 존경심에 고개를 숙이지 않을 수 없었다.

이미 마추픽추 역엔 다양한 인종들이 발 디딜 틈이 없이 모여 있어 마치 세계인의 마당에 나온 기분이었다. 정상에 오르면 용변 보는 것 자체도 2솔씩 요금을 부담한다고 하니 있는 힘을 다해 마지막 한 방울까지 역사 화장실에서 짜내본다. 여기서 미니버스로 갈아타는 티켓을 끊고 약 30여 분간을 다시 오른다. 깎아 지르는 듯한 절벽을 지그재그로 기어 오르며 아찔한 경사길에 갈지자로 춤을 추는 버스가 너무나 위태롭다. 기사는 이 사태를 아는지 모르는지 라디오에서 흘러나오는 댄스곡의 볼륨을 더욱 높일 뿐이다. 안개가 산허리를 똬리 틀듯 휘감고 있고 까마득히 내려다 보이는 우루밤바강은 조금씩 내리는 비에 화가 난 듯 노란 흙탕

물을 뒤집어쓰고 잔뜩 성을 내며 아마존으로 흘러가고 있다. 구불구불 강의 형태가 영락없이 꿈틀대는 아나콘다의 형태다.

마추픽추 정상 부근 주차장에 도달하면 여기서 다시 티켓을 끊고 도보로 산길을 따라 약 20여 분간 이동한다. 비는 차츰 잦아들었으나 신비의 도시, 잃어버린 도시는 여전히 안개 속에 숨어 숨을 죽이고 있다. 고산병에 내 숨이 목 끝까지 차오른다. 이래저래 갈증이 고조되고 심장 소리도 지축을 뒤흔든다. 떨리는 가슴으로 길게 늘어선 행렬을 따라 드디어 잉카전망대에 도착, 산 아래를 경건히 내려다본다. 지상에서 2,400m 높이에 위치한 신비의 마추픽추가 지금 내 발아래 그려져 있다.

페루관광청은 올해부터 마추픽추가 훼손되고 오염되는 것을 막기 위해 일일 여행객 수 및 소지 가능한 물품의 범위를 제한하고 관람 시간도 3시간 이내로 줄였다고 한다. 참으로 다행스러운 일이다. 올라오는 동안 일부 몰지각한 이들에 의해 버려진 페트병들과 오물들을 보자니 그보다 더한 통제라도 적극적으로 환영한다. 고대 잉카문명의 마지막 남은 유적지를 잘 보존 유지하여 인류 대대로 잉카인들의 위대한 문명의 숨소리를 듣게 해주는 것 또한 우리들의 임무다.

과거 마추픽추의 성인 남성들도 쿠스코의 잉카왕국을 지키기 위해 스페인 군대에 항전하여 목숨을 바쳤다. 당시 일부 패잔병들은 가족이 있는 마추픽추로 후퇴하지 않고 아마존으로 숨어 들어가 끝내 스페인군대로부터 마추픽추 도시를 지켜냈다고 한다. 만약 스페인 군대에 노출됐다면 이곳 또한 철저히 파괴되고 훼손

되어 잉카인들의 역사는 끝내 땅속에 파묻혀 버렸을 것이다. 그들이 피로 지킨 마추픽추에 지금 내가 서 있다.

정상에서 점차 놀라운 일들이 일어나고 있었다. 비가 멈추고 안개가 서서히 가시더니 드디어 신비의 고대 도시가 드러나기 시작한 것이다. 이 한 장면을 보기 위해 난 장장 25시간을 쉬지 않고 지구 반대편의 도시에서 달려왔다. 잉카의 신도, 비 친구도 나의 간절한 기도를 들어주신 듯하다. 눈 앞에 펼쳐진 그림 같은 광경에 입을 다물 수 없다. 뷰포인트라 불리는 곳에서 마추픽추를 눈에 담으랴, 카메라에 담으랴 셔터 소리를 요란하게 내며 계속 안절부절못한다. 배경이 환상이니 어떠한 포즈도 곧 예술이 되었고, 어떠한 사진기사도 최고의 걸작을 남겼다.

이렇게 완벽하게 지어진 고대 자족도시가 또 있을까 싶다. 세월의 흐름으로 석가래 및 초가지붕은 훼손되었다 하나 완벽하게 보존된 집의 형태는 지금이라도 조금만 보수를 하면 사람이 살 수 있을 정도였다. 채석장에서 가공된 돌들로 계단식 논을 규격에 맞춰 조성하였으며, 마을 이발소가 운영되었고, 공동수로의 물로 밥을 지었다. 길쌈하는 집이 별도로 있었고, 대신전에서는 태양신께 제사를 지냈으며, 방위석으로 날짜를 계산해냈다. 행운석에서 소원을 빌었고, 성스러운 바위라 불리는 곳에서는 산들의 정기를 모았으며, 콘드르 신전에서는 시신을 놓고 죽은 자를 인도하였다.

이렇듯 완벽하게 갖춘 고대도시도 외부 침략자들과 함께 들어온 천연두라는 질병에 의해 1600년 초 완전히 멸망하게 된다. 1911년 미국의 역사학자 하이럼 빙엄에 의해 다시 발견되기 전까지 약 300여 년 이상을 모두의 기억 속에서 잊힌 채로 숨겨진 공중도시, 수수께끼 도시로 살아왔다. 하지만 놀랍게도 최초 잉카제국 침략자들과 당시 발견과 발굴에 직간접적으로 참여한 역사학자들이 모두 제명에 살지 못하고 비명횡사했다 한다. 이는 잉카신이 어리석은 인간들에게 내리는 죄와 벌 일터! 잉카문명의 신비스러움에 더더욱 자세를 낮추고 그들의 슬픈 역사를 애도하게 된다.

약 5만 제곱미터에 달하는 도시 곳곳의 쉼터에서 잉카인들의 숨소리와 웃음소리가 들려온다. 당시 천여 명의 시민들은 그 누구의 간섭도 받지 않은 채 지상 최고 낙원의 삶을 살았을 것이다. 그들이 거닐고 뛰어놀았던 마을 공터 잔디밭에서 네 잎 클로버 하나를 우연히 발견하여 손에 쥐게 된다. 고대 마추픽추는 잉카인들이 직접 만든 행복의 도시였다면, 재발견된 마추픽추는 현 인류가 그들에게 선물 받은 행운의 도시일 거다.

난 오늘 이곳에서 모든 행운을 얻었다. 이 자리에 설 수 있었던 것도 행운이고, 고대역사의 현장에서 마추픽추를 온전히 볼 수 있었던 것도 행운이다. 게다가 난 네 잎 클로버의 행운도 함께 얻었다. 어쩌면 그들이 빌었다는 태양신의 도움이 없었다면 난 오늘 이 감격의 순간도 맞이하지 못했을 것이다. 태양신은 어느 순간 비를 물리치고 태양을 불러줬다. 네 잎 클로버 또한 태양신이 내게 내려준 최고의 선물이 아닌가 싶다. 나 또한 그들처럼 태양신께 감사의 기도를 마지막으로 올린다.

마추픽추에서 잉카인들의 삶과 행적을 둘러보았고 그들의 슬픔과 눈물도 보았다. 부디 그들이 흘렸던 피눈물들이 후대 페루인들 에게는 웃음이 되어 잉카인들이 부활해, 잉카왕국을 재건설하는 그날이 하루빨리 올 수 있기를 염원해본다. 출구 앞에서 마추픽추를 향해 다시 올 약속을 하고 뒤돌아서서 내려오는데 또다시 비가 내리기 시작한다. 아까보다 훨씬 더 굵은 비다. 그렇게 그렇게 딱 필요한 만큼만 내게 허락해준 듯싶다.

잉카신이시여, 감사합니다.
잉카여 영원하라~

2019년 2월 16일 토요일

페루여 안녕?

퍽치기 및 소매치기를 주의하란다. 자칫 방심하면 소지품 및 여권이 눈앞에서 사라지고, 손에 든 휴대폰도 낚아채 간단다. 잔뜩 겁을 먹은 우리 일행은 귀중품을 담은 허리춤에 찬 미니백과, 사선으로 멘 가방에서 손과 눈을 떼지 못한다. 적어도 페루에서 여행 기간 동안은 마지막 날까지도 낭설로 들려오던 괴담을 곧이곧대로 믿고 다녔다.

마추픽추 여행을 다녀오고 난 후, 오늘 하루는 비교적 스케줄이 여유로운 시내 투어와 쇼핑 투어에 집중했다. 간밤엔 저녁 8시에 동생과 의기투합하여 첫날 다녀왔던 아르마스 중앙 광장을 다시 다녀왔다. 숙소에서 광장까지는 도보로 20분! 택시를 잡아타고 갈까? 아니면 밤거리를 용감하게 걸어서 가볼까? 고민을 진지하게 했다. 사실 호텔 카운터에서 쥐여준 약도 한 장으로 낯선 나라, 낯선 거리를 개인적으로 움직인다는 것은 대단하고도 위험한 도전일 거다.

우린 도보를 선택했다. 밤거리는 비교적 한산했다. 열심히 지도를 들여다보며 20여 분을 빠른 속도로 걸어갔다. 온몸에 있는 오각의 안테나를 최대한 세운 뒤 사주경계를 하며 목적지를 향해 내달렸다. 아르마스 광장에 다가갈수록 이방인들이 차츰 눈에 띄고 그제 서야 안도의 숨을 내쉴 수 있었다. 아르마스 광장의 밝은 불빛은 눈이 부시도록 아름다웠다. 광장엔 이미 많은 관광객과 시민들로 북적대고 있었다. 그들의 밤은 언제쯤 끝날지 자못 궁금해졌다.

낮에 바라본 건축물들과 골목 거리거리가 밤에 다시 보니 전혀 다른 장소에 온 마냥 색이 화려하고도 정갈했다. 동생과 난 한 층 더 용감하게 골목 깊숙이 있는 마사지샵에도 도전, 피로를 푸는 안마 케어도 받았다. 다시 숙소로 돌아오는 길! 갈 때보다는 속도를 낮추었다. 자신감이 붙자 비로소 보지 못했던 풍경들이 보이기 시작했다. 거리의 페루 시민들, 문을 닫기 시작하는 상점들, 승객을 기다리는 택시기사들, 후미진 곳의 낯선 청년들과 연인들. 음산해 보였으나 경계심을 낮추니 거리의 흔한 풍경으로 들어왔다. 그들의 얼굴들은 다들 평안해 보였고 평범해 보였으며 누구 하나 시비를 걸려 하지 않았다.

오늘 오전엔 식민지 시대 시절 조성되었다는 리마 구시내의 중앙광장, 샌프란시스코 성당, 리마 대성당, 대통령궁 및 리마시청 등을 발로 걸어보았다. 오후엔 1990년 이후 조성된 신시가지 미라플로레스 상업 단지와 해안에 조성되어있는 라끄바르와 키스 공원을 다녀왔다. 공원아래에는 태평양 앞바다가 끝이 보이지 않게 펼쳐져 있다. 그리고 그 바다의 저편 끝엔 대한민국이 있다. 자갈로 이루어진 해수욕장엔 이미 수많은 수영객들이 더위를 식히고 있었으며 우리 또한 그냥 지나칠 수 없어 곧장 합류했다. 태평양 파도가 우리 형제를 거칠게 환영해주었다.

페루국민은 10%의 스페인 후예와 40%의 혼혈인, 50%의 인디오계로 구성되어 있다고 한다. 1인당 국민소득은 약 6000달러로 대한민국의 5분의 1수준에 불과하다. 이 나라 역시 상위 10%의 국민들을 제외하곤 나머지 대부분의 국민은 하루하루를 힘겹게 생활하고 있다. 오늘도 여러 관광지에서 다양한 국적의 외국인들과 함께 많은 페루인을 만날 수 있었다. 그들 대부분은 표정이 너무나 밝아 보였다. 늘 웃는 얼굴로 타인을 대하고 있었다. 물건을 파는 상점 주인들도 외국인이 요구하는 금액에 선뜻 물건을 내준다. 어리석어서가 아니라 너무나 착해서이다. 조금 덜 남더라도 하나만으로도 행복을 찾는다. 우리를 안내해주는 가이드분께 여쭤보니 페루는 남미대륙에서 행복지수가 가장 높은 나라라고 한다.

지금 대한민국은 1인당 국민소득 3만 달러를 넘어선 명실공히 최선진국 대열에 들어서 있다. 하지만 그들에게 '지금 당신은 행복합니까?'라고 질문한다면 쉽사리 '예'라고 답할 사람이 없을 것이다. 날이 갈수록 흉폭해져 가는 사회를 보며, 화를 참지 못하는 사회가 되어 가는 걸 보면 행복지수는 결코 페루를 따라올 수 없는 영락없는 후진국 수준이 아닌가 생각해 본다.

우린 흔히들 관념적 사고와 고정화된 오류에 쉽사리 빠진다. 페루하면 못사는 나라, 관광으로 먹고사는 나라, 그저 아주 멀리 떨어져 있는 나라로 치부하며 당연히 범죄도 잦을 거라 도장 찍는다. 지저분하고, 불친절 할 것이며, 밤엔 맘 놓고 돌아다니지도 못

하는 곳일 거라 단정해버린다. 하지만 그들의 순박한 표정과 밝은 얼굴을 바라본다면 내가 그들에게 내세운 잣대가 얼마나 위험했는지 곧바로 깨달을 것이다.

타 언어에 관심이 많은 난 오늘까지 백여 명이 넘는 페루인 들을 붙잡고 대화를 시도했다. 처음 접하는 스페인어로 용감하게 질문하고, 처절하게 알아듣지도 못하면서도 결국엔 질문의 목적을 끝내 달성한다. 그들은 이해 못 하는 날 위해 미소와 친절로 가려움을 긁어주려 노력했다. 말이 통하지 않아도 길손의 궁금증을 끝까지 해결해주려 했다. 적어도 내가 만난 페루인들은 모두 그러했으며 범죄와는 거리가 먼 민족으로 보였다. 실제로도 인구대비 범죄율과 강력사건 발생비율이 우리나라보다 훨씬 더 적다고 가이드분이 설명해준다.

이런 그들을 보고 난 잠재적 강도나 도둑으로 취급했었다. 지저분하고 위험할 거라 못을 박아버렸다. 고정관념에 빠진다는 것이 얼마나 위험한 건지 오늘 다시 한번 느낀다. 우린 몸이 불편하다 해서, 말이 서툴다 해서, 정신이 아프다 해서, 가난하다 해서 거리를 두고 나의 울타리로의 접근을 아예 차단한다. 내가 말하는 언어와 행동만이 선임을 타인에게 강요하기도 한다. 이제 내일 새벽이면 페루를 떠나게 된다. 자연 속에서 제멋대로 핀 꽃들이 육종장에서 관리하에 핀 꽃들보다 얼마나 더 예쁘고 향이 강한가? 페루인 들은 너무나 예뻤고 나에게 깊고도 진한 친절의 향기를 풍겨다 주었다.

여행이 끝나면 한국에 돌아가게 된다. 이번엔 국내에 거주하는

2만 6천의 페루인에게 내가 받았던 감동과 친절을 되돌려줄 차례이다. 그것만이 무지하고 안일했으며, 페루인에 대해 무관심했던 내 자신에 대해 용서할 수 있는 길이기도 하다.

2019년 2월 17일 일

리우의 선물

삼바와 보사노바의 경쾌한 음악이 입국장 입구에서부터 울려 퍼지는 걸 보니 이곳이 브라질임을 실감한다. 우리로 따지면 공항 경찰로 돼 보이는 분들조차 음악에 맞춰 조심조심 박자를 넣고 있을 정도로 흥이 넘치는 민족, 여유가 넘치는 민족이다. 드디어 브라질 리우데자네이루에 입성했다. 한국보다 계절이 6개월 앞서간다고 하니 지금 이곳은 한여름의 절정기를 달려가고 있다. 높은 기온과 공항 열기에도 불구하고 대서양에서 불어오는 동풍과 건조함이 도리어 선선함을 느끼게 해준다. 밤새 페루에서 비행기를 타고 브라질에 도착한 시간이 아침 7시, 예약한 버스로 한 시간 거리에 있는 코카파가나 해변의 숙소로 이동한다.

1502년 처음으로 리우 항에 발을 내디딘 포르투갈인들이 길이 32킬로, 폭 30킬로의 거대한 만을 보고 강이라 판단하여 '리오'라 부르기 시작한 게 현재의 리우가 되었다 한다. 해변 도로를 타고 가는 좌측으로 리우만의 대서양이, 우측으로 리우의 50만 최 빈민층이 거주한다는 파벨라 지역이 시선을 사로잡는다. 말벌집 마냥 덕지덕지 엉겨 붙어있는 오래된 가옥들이 우리의 달동네 수준을 상회하고도 남을 정도이다. 세계 3대 미항 중 하나인 리우 항 맞은편에는 이렇듯 화려함 뒤 고달픈 역사가 숨어있다.

남미, 북미를 통틀어 포르투갈 식민지 아래 황제가 유일하게 다스렸던 나라! 유일무이하게 전쟁 없이 독립이 이루어진 나라! 막강했던 황제의 권력은 부정부패의 온상도 되었지만, 세계 12위 수준의 기술력과 심장 의학 인공관절술 등 세계 최고의 의학, 세계 두 번째로 비행기를 발명한 우수한 항공기술 등을 보유하게 했다. 1905년 2층 가옥조차 드물었던 국권 침탈 시기 그들은 해변에 20층 아파트를 지었으며, 1912년 대한 제국 시기 그들은 빵산에 케이블카를 설치하였다. 비교할 수 없는 기술력과 자본력, 노동력, 세계 6위 수준의 땅덩어리를 보유하고 있고, 세계의 허파라 불리는 아마존이 있다. 또한 사시사철 자연재해가 없는 천혜의 나라 브라질은 매력적이기에 충분했다.

보사노바 음악이 탄생했다는 5km 길이의 코카파가나 해안! 해안이 바로 내려다보이는 호텔에 짐을 풀었다. 창을 열고 밖을 보니 좌측 끝부터 우측 끝까지 보이는 건 오로지 백사장과 대서양, 그리고 파란 하늘뿐이다. 제아무리 실력 좋은 제단사일지라도 이렇게 정확하게 가로로 3등분 할 수 없다. 대서양의 파도에 몸을 맡기고 물놀이를 즐기고 있는 다양한 피부의 해수욕객들과 눈으로 잠시 함께 한다. 끝이 없는 대서양의 푸르름, 하늘과 경계가 모호한 수평선, 눈이 부시도록 아름다운 길게 뻗은 백사장이 잠깐만이라도 숙소에서 쉬고 싶은 피로를 달아나게 한다. 모든 걸 벗어던지고 해변으로 내달려간다.

바다는 너무나 깨끗했다. 백사장에서는 아무것도 먹지 않는다는 브라질인들의 에티켓도 한몫했을 듯싶다. 대서양에 발을 담그고 파도의 세기를 즐긴다. 간헐적으로 밀려오는 센 파도에 반바지가 젖어도 절대 싫지 않다. 동양인은 동생과 둘 뿐! 신기하고 반갑게 쳐다보는 그들의 시선이 느껴진다. 해변을 따라 남쪽으로 잠시 걸어본다. 비키니를 입고 물놀이 하는 흑인 여성들도 많고, 백인 커플들과 아이들의 웃음소리도 쉴 새 없이 들린다. 그녀들의 탁월한 몸매도 눈을 뗄 수 없게 하는 요소이기도 하다. 그러다 두 여성이 여기서 가장 잘생긴(?) 동양인 2명에게 다가와 단체 사진 촬영을 요청한다. 말은 안 통해도 기분은 최고다. 무릎까지 잠긴 바다에 들어가 인생샷을 찍는다. 사실 그녀들에게도 낯선 동양인인 우리 형제가 평생의 선물이자 추억이었을 거다.

1912년 최초의 케이블카가 설치되었다는 빵산 국립공원으로 향했다. 빵산의 원래 이름은 팡지아수카르 산이며 포루투갈어로 '설탕 빵' 이라 하여 한국인들에 의해 빵산으로 불리기 시작했다고 한다. 100여 년 훨씬 전 보부상이 물건을 팔고, 인력거로 사람을 나르던 그 시절, 그들은 이미 우리와 다른 세상을 살고 있었다. 그들의 기술력이 가히 놀랍기까지만 하다. 북한산 인수봉처럼 생긴 빵산은 중산과 본산으로 구성되어 있고, 두 곳에 케이블카를 연결해 정상으로 관광객들을 계속 실어 날랐다. 정상에서 바라보니 리우만과 리아스식 해안이 그림처럼 펼쳐져 있고, 저 멀리 예수상은 두 팔 벌려 우리를 부르고 있었다. 1974년 해상을 가로질러 육상과 길게 연결되어 건설된 다리 또한 당시 세계에서 가장

긴 다리라는 타이틀을 달았다고 한다. 리우-니테로이 구간에 설치된 총길이가 자그마치 12km나 되는 다리다.

오후에 방문한 세계 7대 불가사의의 리우 예수상 또한 1931년 완공했다 하니 얼마나 놀라운가? 그들은 조상님들 덕분에 세계의 관광객들을 끌어오고 있으며, 아름다운 브라질을 전 세계에 각인시키고 있다. '리우 예수상'! 브라질 독립 100주년 기념으로 1924년 의회에서 거의, 1931년 건축된 구조물이다. 704m의 코르코바도산 정상에 높이 38 양팔 폭 28m의 웅장한 내부 콘크리트 철재 구조물로 외부엔 곱돌 타일이 입혀져 있다 했다.

그런데 이토록 유명해진 예수상도 방문객들에게 쉽사리 자태를 내주지 않는다 한다. 정상에서 온전히 예수상을 볼 수 있는 확률은 50퍼센트이며, 가이드는 5번째 방문해도 보지 못한 분을 봤다고 했다. 대서양에서 넘어오는 수증기와 내륙에서 넘어오는 열기가 만나 안개와 구름이 되어 멈추는 곳이 바로 정상 부근이라 하니 신기하기까지 할 따름이다.

우리가 올라갈 때도 역시 자욱한 안개가 산 아래까지 넓게 드리우고 있어 불길한 기분이 들었다. 하지만 정상에 오르니 때마침 대서양 동풍이 불어와 안개를 물러내고 아름다운 자태를 우리에게 선사해주었다. 종교와 관계없이 지그시 눈을 뜨시고 선한 백성을 구원하시려는 듯 넓게 펼치신 팔 동작은 가히 아름답기까지 했다. 우린 여기서 숱한 사진을 남겼다. 발 디딜 틈 없이 예수님의 사랑과 축복을 받으려는 많은 관광객 틈바구니에서 하나라도 그분의 가르침을 더 받기 위해 노력했다. 그렇게 잠시 곁을 내주셨던 예수상은 우리가 하산하자 짙은 안개 속으로 다시 몸을 감추셨다. 우린 참 운이 넘치는 녀석들이다.

성 세바스찬 성인을 기리며 건축가 에드가가 14년간에 걸쳐 1976년 세웠다는 센트로 성당에 입성했다. 성당은 거푸집만 막 뜯어낸 듯한 105m 높이의 피라미드 형태 건축물로서 겉에서 바라봤을 땐 흉물스러워 보였으나 내부에 들어서니 이토록 성스러울 수가 없다. 여기서 프란치스코 대주교님도 방문하여 미사를 드렸다 하며, 현 브라질 주교도 매주 미사를 드린다 한다. 남미대륙은 스페인, 포르투갈의 가톨릭 영향을 받아 지방 곳곳마다 수많은 성당이 있었는데 이보다 더 소소하면서도 화려하고 웅장한 건축물이 또 있을까 싶다.

도보 3분 거리에 있는 인근의 '세라론의 계단'도 방문했다. 22년여간에 걸쳐 세라론 할아버지가 전 세계 각국의 타일들을 모아 계단 수직면에 하나씩 하나씩 붙이셨다 하여 '세라론의 계단'으로 불린다. 그 계단 길이가 자그마치 2백 미디를 넘는다. 차츰 이곳이 알려지기 시작하면서 우리나라 타일도 기증되어 붙어있다 했다. 그 말을 듣자마자 태극기 타일이 금세 눈에 띄었다. 타일 기술도 없던 할아버지는 병든 할머니의 완쾌를 위해 평생 조잡하지만, 그의 사랑이 가득 담긴 타일을 세월과 함께 붙이셨다. 화려한 타일들 속에서 한 장 한 장, 한 땀 한 땀 붙이시던 그의 노고와 땀이 그려 나온다. 할아버지 덕에 이 지역은 유명지가 되어 두 분의 사랑을 확인하려 많은 관광객이 찾고 있다. 금품을 노리는 길거리 패거리들이 많이 몰려 있다는 점은 옥에 티다.

리우에서 브라질의 풍부한 자연 자원과 관광자원, 높은 기술력, 값싼 노동력 등을 통해 앞으로 무궁무진한 발전 가능성을 보았다. 리더력의 부재와 계급자들의 부정부패로 지난 수십 년간 발전이 정체되어 왔다 하지만 특유의 삼바리듬에 낙천적인 성격들은 이 나라가 급성장할 수 있는 요건이기에 충분했다. 내일은 이과수가 계획되어 있다. 이과수 폭포는 내게 또 어떤 감탄과 흥분, 설렘을 안겨줄까? 하루하루가 익사이팅한 짧은 하루가 아쉽게만 흘러가고 있다.

2019년 2월 19일 화

천사의 기도 氣道

브라질 대서양 연안 파라나주 이과수에는 악마 한 녀석이 살고 있다고 한다. 그 녀석이 사는 폭포 근처에는 굉음과 사나운 바람이 끊이질 않고 있고, 행여라도 접근하는 이가 있다면 물보라를 일으켜 단숨에 온몸을 물로 적셔버린다고 한다. 굉음은 밤이 되면 20km 밖까지 들린다 하니 그 오싹함은 이루 말할 수가 없다. 도대체 어떤 녀석이길래 이토록 악명이 떨쳐져있고 괴소문이 멀리까지 퍼져 있는 걸까? 그 녀석을 한번 봐야겠다. 어떤 녀석인지 내 눈으로 소문의 진상을 직접 확인해야겠다. 반반의 채비를 갖추고 이과수 국립공원으로 향한다.

이과수 국립공원! 브라질과 아르헨티나를 사이에 두고 1350km 길이의 이과수강이 흐르고 있다. 바로 이 강의 하류 지점에 있는 공원으로서 그 중심에 이과수 폭포가 있다. 275개의 이과수 폭포들 중 단연코 으뜸은 녀석이 살고 있는 '악마의 목구멍'이라는 폭포이며 오늘 내가 찾아갈 곳이기도 하다. 현재는 공원 전체가 자연 보전구역으로 지정되어 양국이 특별 관리하고 있다고 한다.

차에서 내리자 인솔 가이드인 안드레가 지천으로 깔린 너구리들과 원숭이들을 조심하라고 한다. 하긴 밀림 형태의 자연 상태 공원에 들짐승, 날짐승, 산짐승이 있다는 건 당연하겠지? 아니나 다를까 몇 마리의 너구리가 우릴 알아보고 조용히 다가와 가방을 뒤진다. 관광객들이 던져주는 음식에 익숙해져 있어 그런다 한다. 무심코 행한 인간들의 어리석은 행동들이 녀석들을 생태습관까지 바꿔 점차 낭떠러지로 내몰고 있다. 배고픈 너구리와 원숭이에게 과자부스러기 던져주는 동정심은 그만 버려야 한다. 자칫 온정을 펼쳐주다 상대방 수가 틀어지면 당신을 물 수도 있고 해할 수도 있다.

저 멀리 보이는 이과수 폭포의 하얀 장관과 빽빽이 뻗어있는 녹색 밀림, 푸르름에 눈부신 파란 하늘이 단숨에 피로를 날려버린다. 발걸음을 재촉한다. 기다려라! 널 보기 위해 먼 길을 마다하지 않고 달려왔다. 점차 비누 거품처럼 부풀어 오르는 폭포수와 귓전을 강타하는 폭포음이 눈과 귀를 자극하며 공포감을 주기 시작한다. 브라질 인디언들과 아르헨티나인들이 명명한 '악마의 목구멍'이라 불리는 폭포는 나처럼 전 세계인들을 찾게 만드는 자연의 괴물체가 되었다.

세계 3대 폭포 중 하나라 불리는 이과수 폭포는 높이 82m, 너비 4km로 나이아가라 폭포의 4배 수준에 달한다. 그중 '악마의 목구멍'은 초당 250만 톤의 물줄기를 발산하는 거대 폭포로서 규모와 크기가 가히 압도적이다. 일찍이 브라질 인디언들은 이 폭포를 보고 소용돌이치는 물줄기 속으로 빨려 들어갈 것 같다 했으며 아르헨티나인들은 상공에서 바라볼 시 악마의 목구멍처럼 닮았다 했다. 어쨌든 직접 눈으로 그 실체를 확인해보자! 악마의 심장 소리를 어디 한 번 들어보자!

오늘은 일정상 보트를 타고 악마의 발톱까지만 가기로 했다. 가이드 안드레는 발톱 부위에서 폭포 세례를 맞을 때 악마의 피로 흠뻑 적셔질 거라 했다. 우의는 그저 요식행위에 불가하다 했다. 덧붙여 축구에 소질이 있는 그는 보트 기사 친구들에게 인기가 있어 한 번에 끝날 체험을 세 번까지 시켜줄 거라 했다. "one more, one more"를 맘껏 외치라 한다. 여러모로 가이드를 잘 둔 듯싶다. 우린 우의를 동여매고 인간 띠를 이루었다. 출발 준비가 모두 끝났다.

보트가 굉음을 내며 달리기 시작한다. 삼바리듬에 몸을 섞은 브라질 보트 기사는 중앙선이 없는 도로를 난폭 운전하듯 내달린다. 신호도 없고, 교통경찰도 없고, 단속기도 없다. 그저 목적지만 있을 뿐이다. 바이킹을 타고 비포장도로를 달리면 이런 기분일까? 거센 물살과 도처에 깔린 숨은 바닥 암석들 때문에 쏠림을 예측할 수도 없고 대비할 수도 없다. 그저 보트가 가는 대로 내 몸을 기증할 뿐! 3km의 거리를 시속 60km로 내달리는데 두려움과 흥분이 동시에 밀려온다. 덜컹거릴 때마다 곡성과 괴성이 뒤섞인다. 이미 몸은 젖은 지 오래다. 강 주변의 기암절벽과 수려한 산세에 감탄할 겨를도 없다.

필경 보트 바닥에 기사들의 제3의 눈이 달렸든지 아니면 CCTV라도 달렸을 게다. 그러지 않고서는 드러나 있지 않은 수중 바위들을 요리 조리피해 어쩌면 그리도 빨리 달릴 수 있을까? 금세 악마의 발톱 부위에 도달했다. 보트 기사는 박자를 세는가 싶더니 가차 없이 보트 머리를 폭포수 아래로 집어넣었다. 악마는 우리를 격하게 환영했다. 가늠할 수 없는 물줄기 세기와 양으로 모두를 강타했다. 한 방울이라도 덜 젖으려고 보트 바닥에 코를 박아보지만 이미 피할 수는 없는 일. 악마는 시간이 흐를수록 그의 심장에서 더더욱 강한 동맥을 뿜어냈다.

보트 기사는 악마의 발톱 밑에서 들어왔다 나갔다를 반복하며 물벼락 세례를 3번이나 더 경험하게 해주었다. 흠뻑 젖은 몸이건만 기분은 가히 나쁘지 않았다. 아니, 좋았다. 악마의 첫인상은 그렇게 강렬했고 전율을 불러일으켜 주었다. 태어나 뒤통수를 가장 많이 맞은 날이었다. 돌아오는 길, 우리의 환호성이 세면 세질수록 보트 기사의 곡예는 서커스를 방불하듯 천국과 지옥을 오갔다. 이 모두 잘난 가이드를 둔 덕분이다. 오늘은 악마를 아래에서 봤다면 내일은 위에서 내려다볼 거다. 목구멍 속에 목젖은 있기나 하는 걸까?

날이 바뀌고 곧장 다시 이과수 국립공원으로 향했다. 브라질과 아르헨티나의 국경지대에 있다 보니 발톱은 브라질에서, 목구멍은 아르헨티나에서만 감상할 수 있다. 그래서 본의 아니게 두 번의 월경을 감행한다. 코끼리 열차를 타고 강기슭에서 하차한 뒤 강 위로 난 왕복 2.2km의 철 다리를 걷는다. 강 속에서는 이 구역의 토종대감이라 할 수 있는 대왕 메기가 유유히 헤엄치며 방문을 반기고 있다. 우기의 날씨는 우리 일행 바로 뒤에서만 따라오지 절대 앞지르질 않는다. 하늘도, 자연도, 그리고 악마도 모두가 우리의 방문을 반기는 듯한 분위기다.

드디어 도착했다. 듣던 바와 같이 귓전을 때리는 굉음과 물보라가 우리에게 휘몰아친다. 거대한 입을 벌리고 블랙홀처럼 모든 물줄기를 소용돌이치며 빨아들인다. 81m를 낙하하는 이과수의 혈류는 악마의 심장 속에서 펌프질 당하며 일곱 색깔 무지개를 상공에 띄워주었다. '악마의 목구멍'은 그렇게 무시무시했으며 장엄해 보였다. 수백억년 전 지각변동으로 인해 태어난 악마는 연약한 인간에겐 범접할 수 없는 거대한 신과도 같아 보였다. 악마는 그렇게 내게 다가왔다.

이 세상에 악마가 있다면 분명 착한 악마도 존재할 것이다. 무시무시해 보이지만 인간을 곁에 두고 자신을 전시하며 인간에게 많은 볼거리를 제공해주는 악마! 이런 악마가 어디 있을까 싶다. 그런 희생으로 인해 이곳 이과수는 세계의 3대 폭포로 불리는 원동력이 되었다. 겸손함과 위대함, 배려심을 가르쳐준 넌 이제는 내게 있어 악마가 아니다. 앞으로도 억겁의 세월을 더 버티며 자리를 지키고 있을 우리들의 진정한 영웅이다.

매년 지각변동으로 인해 폭포의 높이가 8mm씩 낮아지고 있다고 한다. 언젠가는 너의 모습도 볼 수 없게 될 날이 찾아올 것이다. 오늘 바라본 너의 굉음은 인간세계에 대한 자연의 경고이며, 물보라는 10년을 젊게 해준다는 너의 선물이며, 출렁이는 바람은 객들과 인사 나누는 너의 스킨쉽이다. 너로 인해 행복한 이틀이었고 잊지 못할 추억이었다. 언제쯤 널 다시 보러 올 수 있을까?

벌써부터 그날이 설렌다. 지금부터 내 마음속에서 '악마의 목구멍' 대신 너의 이름을 새로 짓고 앞으로는 이렇게 부를까 한다.

'천사의 기도'

잘 있어. 안녕!

2019년 2월 20일 수요일

신 삼국지

파라과이에서 흘러나오는 파라나강과, 브라질 아르헨티나를 가로질러 흘러나오는 이과수강이 만나는 이곳! 삼각지역! 삼발이 형태 합류 지점의 강물은 고도차에 의해 아르헨티나 부에노스 아이레스를 거쳐 대서양으로 흘러 들어간다. 그 길이는 자그마치 1320km로 서울에서 제주도를 왕복하고도 남을 강줄기이다.

이과수 폭포에서 산화한 이과수강의 물줄기와 파라과이 이따이쁘 댐에서 응축된 파라나강의 물줄기는 마치 헤어진 형제가 상봉한 듯 부둥켜안고 눈물을 쏟아내며 고향으로 돌아간다. 삼국이 내려다보이는 각국의 꼭짓점에 펄럭이는 그들의 국기는 이곳이 국경임을 말해준다. 강으로 구분되는 그들의 경계선은 언제라도 터질 수 있는 화약고임은 분명하다. 하지만 지금 아르헨티나의 꼭짓점에서 바라본 삼국은 너무나 고요하고 평화롭기 그지없다. 좌로는 파라과이, 우로는 브라질이 있다.

과거 위촉오 삼국은 태평성대를 이루며 호시탐탐 상대국을 노렸다. 축구로 점철된 남미의 축구사랑은 가히 상상불허이며, 지역 라이벌 클럽 축구 간에도 유혈사태가 벌어질 정도로 그 경쟁심과

적개심이 대단하다. 특히 브라질과 아르헨티나는 서로 적국에 가까울 정도로 적대적이며, 중간에 끼인 파라과이는 상대적 약소국으로서 강대국의 눌림을 끊임없이 받고 있다. 브라질에 펠레, 호나우두, 네이마르가 있다면 아르헨티나에는 마라도나, 카바니, 메시가 있다. 이렇듯 3개 국가가 볼을 비비고 한데 불편하게 뭉쳐 있으니 이를 빌어 신 삼국지라 명한다.

'동쪽에 있는 도시'라는 뜻의 파라과이는 남한 면적의 4배에 달하나 인구는 7백만도 채 안 된다. 농업 인구가 주류를 이루고 있다 보니 공산품은 주로 수입에 의존하고 있다. 또한 물가가 상대적으로 저렴하다 보니 국경을 넘어와 물건을 떼어가는 양국의 보따리상들이 활개를 펼치고 있다. 이런 태생적 이유로 강대국에 밀려 자력갱생의 기회를 놓치고 있고, 나라의 발전은 한없이 더딜 수밖에 없다.

이곳 접경지에서 차량이나 자전거로 물건을 운반하는 보따리상들을 어렵지 않게 만나볼 수 있었다. 난 오늘 그들 중 자전거에 삼국의 국기를 매달고 국경을 넘어오시던 가브리엘 아저씨를 만나 기념사진을 남겼다. 동업자들이 자전거 밑에 숨어 삼국의 국기를 반듯이 펼쳐 사진이 잘 나오도록 유쾌하게 도움을 주셨다. 호쾌한 인사로 그 감사를 대신 전했다.

내가 보기엔 그들 삼국은 파라나강과 이과수강이 그랬던 것처럼 형제와 다를 바 없다 본다. 같은 언어, 비슷한 역사, 같은 민족으로 국경을 접하고 있는 이들은 더 이상 적이 아니다. '먼로 독트린!' 그들은 힘을 합쳐야 한다. 두강이 합쳐져 대서양으로 흘러가

듯 삼국은 합쳐져 남미의 주축이 되어야한다. 저 강물이 마르지 않는 이상 더는 상대가 적국이 될 수 없다. 강이 품은 것처럼 이젠 서로가 서로를 껴안아야 한다, 신 삼국지는 오늘부터 다시 쓰여져야 한다.

2019년 2월 21일 목요일

Shall we dance?

영화 '여인의 향기'에서 주인공인 슬레이드는 식당에서 처음 만난 도나에게 함께 탱고를 추자고 제안하는데.

"탱고를 배우고 싶지 않나요? 제가 가르쳐드리죠"

"조금 걱정이 되네요. 제가 실수할까 봐서요"

"걱정할거 없어요, 스텝이 엉켜도 그게 바로 탱고죠"

아르헨티나의 수도 부에노스아이레스의 동남단에는 땅고(탱고)의 발상지인 까미니또(골목길) 거리가 있다. 최 빈민층이 거주하는 라 보카 지역의 까미노또 거리에는 밤이면 무용복을 갖춘 길거리 무희들이 밖으로 쏟아져 나온다. 그들은 처음 보는 이들과 가슴과 가슴을 맞대고 서로 안은 채 경쾌한 음악에 4/4박자를 맞춘다. 지역주민과 관광객 따로 구분할 것 없이 모두가 오늘 밤은 탱고의 연인들로 변신하여 거리의 주인공이 된다. 순간 거리는 탱고의 큰 무대장으로 변한다.

1816년 리오데라플라타라는 이름으로 스페인으로부터 독립한 아르헨티나 정부는 1862년에 정식명칭을 갖게 된다. 당시 백인우월주의자들은 유럽의 자유주의 영향을 받아 가우초(목동), 인디오, 흑인들 등 원주민들을 싹쓸이하는 정책을 펼친다. 그러나 대다수 농업에 종사하는 이들이 정작 노동력 자원이 사라지자 유럽의 이민자들을 대거 받아들이는 정책을 펼친다. 이들이 최초로 발을 내디딘 곳이 이곳 부에노스아이레스의 라 보카 항구다.

지독한 가난과 핍박으로부터 벗어나고자 고향을 뒤로하고 허름한 이역만리의 부둣가에 발을 내디딘 이민자들의 삶은 고국의 삶과 비할 바가 안되었다. 별 한 줌, 바람 한 줄 들어오지 않은 양철판을 댄 겹치기식 3, 4층 가옥에서 가혹한 노동력을 혹사당해도 가난의 탈출점은 보이지 않았다. 그래도 이태리식 낭만주의 사상을 잃지 않았던 그들은 라 보카의 까미니또 거리에 밤이면 하나둘씩 나와 그들만의 춤을 추기 시작했다. 흑인, 쿠바선원, 유럽이민자들의 음악과 춤이 뒤섞인 형태의 땅고는 현재의 탱고가 되었다.

지구 반대편 끝, 한번 찾아오기도 힘든 곳, 까미니또 거리에 내가 서 있다. 어릴 적 즐겨봤었던 '엄마 찾아 삼만리'의 배경이 되었던 이곳, 소년 마르코가 엄마를 찾아 이탈리아 남부에서부터 이곳까지 찾아오는 여정을 그린 만화영화! 실제 거리는 삼천리가량 되었으나 당시 자전거 회사 상호와 겹쳐 삼만리로 했다는 후문도 들었다. 거리 입구에서부터 가부초(목동)를 포함한 여러 동상이 눈에 들어온다. 무엇보다도 다양한 원색의 색채로 칠해진 양철판 가옥들이 탄식을 이끈다.

이민자들이 실제 거주했다는 양철판 가옥에 들어가 보았다. 반평도 안 되는 허름한 공간에 더위와 추위를 오롯이 견뎌내며, 말도 통하지 않았을 이국에서의 피비린내 나는 삶이 엿보였다. 아르헨티나는 지금이야 개발도상국에 속하지만 당시에는 남미를 주름잡던 신흥강국이었다. 그들이 쫓고 희망을 품으려 했던 삶이 이런 것이었을까? 얼마나 많은 눈물과 회환으로 고향에 편지를 써내려갔을까? 밤이면 밤마다 라 보카 항구에 나와 고향을 바라보며 굵은 눈물 자국을 새겼을 그들의 슬픔이 눈에 그려진다.

한낮임에도 불구하고 벌써 항구 앞 까미니또 거리에는 밤 공연을 준비하는 땅고 무용수들이 나와 의상을 준비하고 있다. 탱고의 스페인식 발음이 땅고다. 5불에서 10불씩 주면 거리의 무용수들과 준비된 의상으로 함께 갈아입고 땅고 춤을 추고 사진 촬영의 기회도 갖는다. 도전할까도 해보았지만 좌중의 시선에 압도당하여 포기하고 말았다. 지금 생각하면 땅을 치고 후회할 일이다. 거리의 포토존이라 할 수 있는 하바나 커피전문점 앞도 줄이 길게 늘여서 있다. 하바나는 아르헨티나의 전국적 체인을 가진 유명기업으로 쵸콜릿 등이 인기가 있다.

거리 안쪽으로 들어서니 다양한 상점들과 바(BAR)들, 그리고 거리를 가득 메운 좌판들이 눈길을 끈다. 주인들은 유쾌하게 관광객들을 붙잡고 호객행위를 하고 있으며, 고객은 이에 질세라 손짓, 발짓으로 흥정을 시도한다. 축구인 마라도나의 고향, 전 국민의 여배우 에비타의 고향답게 건물 곳곳, 거리 곳곳마다 인형, 기념품 등이 도배되어 있다. 또한 이민자들의 애환이 담겨있는 거리의 각종 부조물 또한 하나하나 눈을 뗄 수 없다. 각양각색의 원색으로 칠해진 건물들, 거리, 사람들. 이곳이 바로 땅고의 발상지 라 보카 까미니또 거리이다.

땅고! 이민자들의 팍팍한 삶을 견뎌내고 슬픔을 이겨내고자 내재된 흥이 발현된 춤, 그래서 가만히 지켜보면 춤 속에 슬픔과 기쁨이 함께 묻어 나온다. 남녀 무용수가 가슴과 가슴을 맞대고 경쾌하고 블루스한 음악에 맞춰 오로지 네 발로 추는 춤, 가장 가깝게 밀착되어 처음부터 끝까지 심장의 호흡으로 추는 춤, 그러나 결코 추해 보이지 않는 춤, 현재는 유네스코 인류문화유산에 등록되어 있다고 한다. "따다딴딴 따다다딴딴" 탱고 음악이 계속 귓전을 맴돈다.

허름한 부둣가에서 도시의 최 빈민층인 이민자들에 의해 알려지기 시작한 춤은 땅고의 제왕 까를로스 가르델에 의해 세계적인 대중음악으로 꽃을 피웠으며, 아스트로 피아졸라는 누에보 탱고라는 독창적인 아르헨티나의 음악을 탄생시켰다.

땅고의 발상지인 까미니또 거리 곳곳을 걸으며 우리의 '아리랑'이 그랬던 것처럼 한시대의 음악과 춤이 그들만의 서러움을 이겨내고 애환을 달랬던 흔적들을 쉽게 찾아볼 수 있었다. 거리의 경쾌하고 밝은 역동적인 삶 속에 19세기후반의 처절하고도 슬픈 역사가 함께 비춰져 마냥 웃을 수만은 없었다. 하지만 이 모습이 진정 남미대륙의 모습이 아닐까도 생각해본다. 대국의 침략에 쫓기고 살육 당해왔던 원주민들, 그리고 그 자리를 메꾼 이민자들, 그들이 뒤섞여 만들어진 문화와 예술. 이 모든 게 집약된 곳이 이곳 지구 반대편, 세상 끝에서의 시작점, 아르헨티나 부에노스아이레스가 아닌가 생각해본다.

우리를 안내하며 시종일관 흥과 열정이 넘쳤던 민증 65세, 자칭 35세 노가이드의 말이 떠오른다. “인생은 지금부터입니다. 맘껏 즐기세요.”

나도 당장 귀국하면 땅고를 배워볼 참이다. 땅고의 도시도 가보았고 땅고의 발현과정도 알았으니 이제 배우기만 하면 된다. 얼마나 매력적이고 매혹적인 춤인지 느껴보고 싶다. “누가 나와 같이 춤출 사람 없나요?”

“Shall we dance?”

2019년 2월 23일 토요일

잘생김

얼굴에 덕지덕지 김이 붙어있다.

본인은 김이 붙어 있는 줄도 모르고
멋쩍은 미소만 짓는다.

김을 쳐다보는 이들의 시선은 가히
부럽기만 하는 눈치다.

내 얼굴에도 김이 좀 붙어있으면 좋겠다.

잘생김!

이번 세상에는 내 사전에 없는 단어겠지?

브라질, 아르헨티나에는 '잘생김'이라는
김을 붙이고 다니는 남자들이 길에 밟힐 정도다.

어떻게 하면 저토록 잘생길 수 있을까?

우리의 운행을 책임져 주는 두 분의 기사님조차
영락없는 캐빈 코스트너, 키아누 리브스를 닮았다.

같은 남자로서 부러움에 백기를 든다.

육감적인 몸매와 인형 같은 여성들을 만날 생각에
잔뜩 기대한 나 자신이 후회스럽다.

눈을 씻고 봐도 없다.

역시 MADE IN KOREA가 최고다.

심성도 착하고 외모도 아름다운 울 엄마의
한국이 최고다.

2019년 2월 22일 금요일

베사메무쵸

멕시코 여가수인 '콘수엘로 벨라쿠에즈'는 1940년 리라 꽃(라일락)에 대한 아픈 사랑의 이야기를 '베사메무쵸'란 제목의 노래에 담아 부르기 시작한다. 스페인어로 '나에게 키스를 많이 해주오'라는 뜻의 '베사메무쵸'는 엉뚱하게도 세계 2차 대전 출정을 앞둔 이웃 나라 미국 장병들 사이에서 알려지기 시작했다. 이 노래는 앞을 내다볼 수 없는 전쟁터로 먼 길을 떠나가야 하는 젊은 연인들의 애틋한 마음을 사로잡으면서 엄청난 인기를 끌었다.

멕시코 노래 중 전 세계인이 가장 사랑하는 노래라는 '베사메무쵸'가 바로 내 눈앞 1미터 앞에서 흘러나온다. 그것도 멕시코 전통복장을 갖춘 밤무대 가수들에 의해서 말이다. 이 노래는 어렸을 적 원곡 또는 번안곡으로도 널리 알려져 많이 들었었고, 노래방에서도 한 번쯤은 불렀던 노래였다. 중저음의 트럼본과 소프라노 톤의 트럼펫의 조화가 기가 막히고 좌우 4대의 바이올린이 노래에 살점을 입힌다. 또한 첼로마냥 등치가 큰 베이스 역할을 하는 '기타론'과 스패니쉬 기타보다 작지만 울림통이 깊은 '비우엘라'라는 멕시코 전통악기가 귀를 호강하게 만든다. 테너 톤을 가진 가수의 멋진 음색은 묵직한 뱃고동 소리 같았으며 기교는 루치아노 파바로티와 견주고도 남았다.

멕시코에서의 마지막 밤이자 이번 남미 여행의 마지막이었던 어젯밤, 아쉬움에 쉬이 잠을 청할 수 없었다. 자정 무렵 숙소인 쉐라톤 호텔에서 나와 인근 편의점에서 맥주를 구입하고 다시 호텔 로비로 들어서는데 호텔 1층 바(BAR)에서 라이브음악이 들려오기 시작했다. 그 음악이 하도 경쾌하고 아름다워 발을 멈추고 귀 기울이며 듣다, 잠시 후 자석에 이끌리듯 망보는 아이마냥 고개를 내부로 슬쩍 집어넣는데. 화려한 복장을 갖춘 밤무대 남성밴드 10여명이 한참 공연 중이었다. 제각각 악기 하나씩을 맡아 연주하고 번갈아 가면서 솔로로도 부르고 중창, 합창으로도 부르고 말 그대로 소규모의 오케스트라 군단이었다. 그중 리더격으로 보이는 50대 중후반 가량 폴 포츠를 빼닮은 배불뚝이 산초 아저씨의 실력은 군계일학이었다.

센터에 자리를 잡고 편의점 맥주를 집어 던진 채 멕시코 전통주라 할 수 있는 데킬라를 주문했다. 공연을 보기 위해선 술 주문은 필수였다. 조그마한 바(BAR) 형태의 술집은 무대 바로 앞까지 좌석이 놓여 있어 공연단과 불과 1m 이내밖에 떨어져 있지 않았다. 그야말로 공연단의 숨소리가 귓전에 바로 들리고 땀방울이 얼굴에 튀는 자리다. 10여곡에 다양한 장르의 멕시코 대중가요가 연주되고 불렸다. 모두 처음 듣는 노래였지만 멕시코 음악에 흠뻑 젖어 들어가고 있었다. 바(BAR)를 채운 주객들은 경쾌한 음악이 나오면 무대 위에서 댄스경연을 벌였으며, 조용한 음악이 나오면 바로 옆자리 여성과 스스럼없이 블루스를 당겼다. 바(BAR)의 유일한 한국인이었던 우리 형제는 인기 만점이었고 "꼬레아노 떼 아모"(한국인, 당신을 사랑합니다)의 함성을 지겹도록 들었다.

데킬라 빈 잔이이 테이블을 가득 채워 갈 때쯤 마지막 곡이 끝나고 있었다. 덩치가 산만했던 블루스 파트너 멕시코 여성도 이젠 보이지 않았다. 이때 무슨 용기가 났던지, 난 무대 앞으로 나갔다. 그러곤 "멕시코 떼 아모"를 외치며 유일하게 알고 있던 '베사메무쵸'를 듣고 싶다며 애원했다. 그저 노래 제목만 연신 외치며 두 손을 모아 검지 손가락 하나만 펼쳤다. 배불뚝이 산초 아저씨가 내 말을 알아들었나 보다. 굵은 땀방울을 쏟아내며 대답 대신 미소로 답하며 전 대원들을 향해 무언의 사인을 내렸다. 모든 대원들도 누구 하나 인상 찌푸리지 않고 환한 미소를 지었고, 곧바로 눈빛이 일치하는 순간 '베사메무쵸' 음악의 연주가 시작했다.

"베사메 베사메무쵸, 꼬모시 후에라 에스따 노체 라 울띠마 베스" "베사메 베사메무쵸, 깨 땡고 미에도 아 베르데르때"

군함에 올라타기 전 손을 꼭 붙잡고 뜨거운 눈물의 키스 이별을 나누고 있는 미군 병사와 애인의 모습이 그려진다. 건넛방 마루에 걸터앉아 무슨 내용인지 모른 채 라디오에서 흘러나오는 노래에 빠져들고 있는 8살 내 모습이 그려진다. 눈을 지그시 감고 노래의 선율에 따라 시간여행을 떠난다. 노래는 국경을 넘어, 지구를 넘어, 우주로 흘러 퍼진다. 가슴 벅찬 이 순간 그 무얼로 말할 수 있으랴? 모든 공연이 끝난 후 난 각 단원과 사진 촬영도 하고, 특히 산초 아저씨와는 뜨거운 감사의 포옹도 나누었다. 감동이 사라지기 전 여성이 포함된 5인조 가수들이 바톤을 이어받아 멕시코의 마지막 밤을 계속 달래주고 있었다.

멕시코에서 지난 3일간.

멕시코의 국민 여화가라 할 수 있는 '프리다 칼로'의 생전 자택 및 박물관을 둘러보았고, 초대 대통령 궁이자 군사 요새로 쓰였던 차풀테펙 성과 공원을 다녀왔다. 또한 까를로스 슬림이 1조 원의 자비를 들여 전시작품을 모았다는 소호마야 미술관도 방문했다. 소칼로 광장에서 무려 240여 년 동안 건축되었다는 메트로폴리탄 성당의 위용과 성모의 실제 성화가 모셔져 있는 과달루페 바실리카 성당도 인상 깊었다. 테우티우아칸 피라미드는 이집트 피라미드와 달리 왕의 시신을 모시지 않고 태양의 신과 달의 신께 제사를 지내기 위한 용도로 축조되었다 한다. 기원전 2백 년경 밑면이 225m에 높이가 70m가 넘는 피라미드를 만들 수 있었던 멕시코 아즈텍 문명의 역사가 가히 신비로웠다. 멕시코의 경이로움과 아름다움은 어젯밤 무명 밤무대 가수들의 공연에 의해 한층 더 빛이 났다.

시작이 있으면 끝이 있는 법이다. 설렘과 기대감으로 시작되었던 중남미 여행이 멋진 공연을 끝으로 마무리되고 있었다. 미군 병사와 애인이 석별의 정을 나눌 때 불렀던 것처럼 나도 이번 여행과 멕시코와 이별을 하며 간밤에 들었던 이 노래를 다시 부르고 싶다.

'베사메 무쵸'

“멕시코는 환상적이었고 이번 중남미 여행은 내 인생 최고였어요.”

“다시 올 때까지 내게 많은 뜨거운 키스를 해주오~”

2019년 2월 24일 일요일

후유증

아. 졸린다.

해가 중천에 떠 있음에도 눈꺼풀이 시간 구분을 못 하고 자꾸만 내려앉는다. 14시간의 시차! 신체 리듬은 거꾸로 달려만 가고 있다.

아. 지겹다.

쳇바퀴처럼 돌아가는 기계적 삶이 불편하다. 전쟁터 속 목숨을 건져야 하고, 먹이를 구해야 한다. 내가 없는 인생! 내가 없는 일상! 너무도 싫다.

아. 그립다.

눈 앞에 펼쳐진 대자연의 황홀함과 그 속에서 살아가는 이들의 이야기들!

아직 보지 못한 색깔과 듣지 못한 음성이 너무도 많은 그곳, 다시 중남미로 달려가고 싶다.

잠시 꿈을 꾼 듯싶다.

동화 속 나라에 다녀온 느낌이다.
꿈을 깨지 않으려 졸린 눈을 비벼도 보고,
일상을 예쁘게 포장도 해보고,
핸드폰 속 사진들에 파묻혀도 보지만.

이내 제자리걸음뿐!

되돌아갈 수 없는 어제는 뒤바뀐 시차만큼이나 온종일 힘들게 만들고 있다.

이 또한 견뎌내야 할 여행 후유증!

텅 빈 캐리어 속 짐을 다시 채우고 싶다. 은행에서 들뜬 환전을 하고, 여행 스케쥴표를 정리하며 휘파람을 불고 싶다. 그날이 하루빨리 온다면 나의 후유증은 휴가증으로 바뀌겠지!

이번 후유증은 유난히 상처가 깊이 패어 오래갈듯싶다.

네가 내게 준 사랑처럼.

2019년 2월 25일 월요일

5. 브라보 마이 라이프

난 지금, 이 순간에도 치열한 삶에 지쳐 사랑하는 사람에게 상처를 주고 소중한 시간을 헛되이 낭비하고 있는지 모르겠다. 앞으로는 사랑하는 사람에게 더 많은 사랑을 표현하고 헝클어진 내 영혼에도 힘과 용기를 주며 힘찬 박수를 쳐주고 싶다. 그래서 한번 왔다가 가는 인생 저 위에서 후회 없었노라, 잘 살았노라 큰소리로 외치고 싶다.

Here I Stand

당대 둘은 고등학교 시절, 학교에서 노래 잘 부르기로 내로라하는 유명한 라이벌이었다.

학교 축제 때나 학교 소풍, 수학여행, 학예회, 체육대회 할 것 없이 둘은 약속이라도 한 듯 항상 단상에 올라 서로의 노래 실력을 뽐냈다. 그럴 때면 학교 친구들이나 선생님들은 목이 터질 듯 우리 둘의 이름을 연호해주셨고, 우린 마치 가수라도 된 듯 서로의 래퍼토리를 열심히 열창하였다. 그 친구는 특히 가수 이승철의 곡들을 아주 잘 불렀는데 라이벌이었던 나조차 부러울 정도로 친구의 목소리와 제스쳐에 매료되곤 했었다. 후에 알았지만, 그는 중학교 때부터 이미 이름을 날렸던 친구라 했다.

그러다 각자 대학교에 입학하게 되었고 서로의 길을 걸어가게 되었다. 대학 입학 후 내가 제일 먼저 관심을 갖은 건 동아리 활동이었다. 고등학교 때는 교내에 그룹사운드 동아리가 없었기에 대학교에 입학하면 반드시 그룹사운드 동아리를 가입해야겠다고 맘을 먹은 터였다. 그래서 악기도 배우고, 싱어 활동도 하며, 가수에 대한 꿈을 펼쳐보고 싶었다.

당시 학교엔 두 개의 그룹사운드 동아리가 있었는데 하나는 장르가 헤비메탈(Heavy metal) 이었고 하나는 록(Rock)이었다. 헤비메탈에 문외한이었던 난 그나마 즐겨듣고 부르고 했던 록 장르를 선택하여 동아리 방의 문을 노크하게 되었다. 선배들이 마침 공연을 위해 열심히 밴드 합주 중이었다. 한참을 관객이 되어 지켜보는데 그 자태가 너무나 멋있어 황홀경에 빠질 지경이었다. 조그만 공간에서 뿜어져 나오는 아마추어 뮤지션들의 열기는 상상을 초월할 정도로 감동적이었고 전율을 느끼게 해주었다. 연습이 끝나고 기수 선배와 드디어 면담을 하게 되었다. 가장 중요한 포지션 얘기가 나왔는데 역시 난 내가 가장 자신 있어 하는 보컬을 선택하였다. 그런데 갑자기 선배의 표정이 난감해지기 시작했다.

각 학년 당 포지션이 중첩이 되면 안 되는데 마침 나처럼 또 한 명의 신입생이 보컬을 선택했다는 거다. 그래서 선배는 각자의 오디션을 보고 싱어를 결정하기로 했다. 선배가 제시한 오디션 곡은 헬로윈의 A Tale That Wasn't Right였다. 사실 이 곡은 평소 좋아는 했지만 한 번도 불러본 적이 없던 노래였다. 하지만 유불리를 따질 수 없었다. 오디션을 위해 노래방에서 긴장하면서 피나는 연습을 했다. 더욱이 이번에 오디션에 합격하면 가을 축제 정기공연 때 특별히 신입생들로 구성된 밴드로 이 곡을 공연할 수 있는 기회를 준다 했다. 고등학교 때와는 차원이 다른 공연이기에 사력을 다해 연습할 수밖에 없었다. 이 곡은 고음 부분이 하이라이트였는데 제대로 나올 때까지 수백 번도 더 불렀을 듯싶다.

드디어 오디션 날.

도대체 나와 자웅을 겨룰 동기가 누군지 궁금했다. 오디션 예정 시간에 맞춰 동아리 방에 도착했는데 보컬을 지원한 신입생 동기가 먼저 와서 기다리고 있었다. 난 근데 그 친구를 보자마자 한숨을 내쉴 수밖에 없었다. 바로 내 고등학교 때 라이벌 친구이었던 거다. 그랬다. 고등학교 3학년 때 서로 다른 반이었던 친구는 나와 같은 대학교로 진학했고 우연히도 같은 동아리, 같은 포지션에 지원하려 했던 것이었다.

반가움과 걱정도 잠시.

친구와 난 최선을 다해 오디션에 참여했다. 록발라드와 메탈에 능했던 친구는 호흡 한 번 무너지지 않고 모든 고음을 멋지게 소화해 냈다. 반면 발라드와 트로트 계열에 강했던 난 노래를 멋지게 완주해 냈으나 완성도 측면에서 친구에 비해 맛이 덜했다. 내가 봐도 승부의 결과는 자명해 보였다.

며칠 후 선배들의 간택으로 그 친구가 신입생 기수 보컬이 되었으며 난 악기 파트로 물러날 수밖에 없었다. 진심으로 그 친구를 응원했지만, 자존심 때문이었는지는 몰라도 1년 정도 드럼 포지션을 맡고 활동하다 동아리를 나올 수밖에 없었다. 비록 고등학교 때는 모두가 둘이 라이벌이라고 했지만 나 스스로가 그 친구에게 노래 실력에서 부족함을 인정하고 있었다. 실제 오디션 때도 난 즉각 패배를 인정했고, 그 친구와의 노래 경쟁에서는 내가 평생 질 수밖에 없다는 자괴감에 빠져 있었다. 그 길로 우린 서로 다른 길을 각자 걸었다.

그래도 가을 축제 정기공연 날을 평생 잊지 못할 것 같다. 무대에 올라있는 그 친구는 이미 나에게는 멋진 가수가 되어 있었다. 친구는 내가 밟는 발 베이스 드럼에 박자를 탔고, 내가 치는 스네어 드럼에 목소리를 올려 멋진 노래를 완성해냈다. 또한 지역 여고 축제 현장에서도 축하 공연 팀으로 섭외되어 한순간 연예인 같은 인기를 한 몸에 받았었다. 그 후 공연 때 친구가 부르는 A Tale That Wasn't Right를 뒤에서 들어야 했던 씁쓸함과 함께 그룹사운드 보컬과 가수에 대한 나의 꿈은 가슴 한편의 추억으로만 묻어 지내야만 했다.

어제 정말 오랜만에 라디오에서 우연히 흘러나오던 그 노래를 들었다. 서로의 꿈을 향해 선의의 경쟁을 펼쳤던 그 노래! 갑자기 그 친구가 떠올랐다. 이제 40대 중년의 나이로 접어드니 고등학교 시절부터 라이벌로 경쟁하듯 지내다 가까워질 기회조차 갖지 못하고 허무하게 흘러버린 시간이 너무나 야속하게 느껴진다. 고음을 멋지게 소화하며 같은 남자가 봐도 소름 끼치게 노래 잘 부르던 그 친구의 모습이 사무치게 그리워지는 시간이다. 한때 고등학교 친구들을 통해 수소문해봤지만, 친구는 종적을 감추어 도저히 찾을 수가 없었다. 지금이라도 다시 그 친구를 만난다면 이번엔 경쟁하지 않고 듀엣으로 이 멋진 곡을 열창해보고 싶다.

"Here I stand~(위 곡 첫 가사임) 친구야,
나 여기 있다. 어디서 무얼 하고 있니? 잘 지내지?"

"보고 싶다. 친구야."

2014년 9월 28일 일요일

After…

며칠 전 노래방에서 실로 오랜만에 이 곡을 불러보았다.

단숨에 목이 가버렸다. 이렇게 아름다운 명곡을 그땐 어떻게 불렀었는지…

친구야, 도와줘!

삼지연 공연을 보고

15만분의 5백! 낙타가 바늘구멍 통과하기도 힘들다는 기막힌 확률을 나는 뚫었다. 대기업 면접을 본 것도 아니요, 로또에 당첨된 것도 아니요, 신춘문예에 원고를 낸 것도 아니다.

2월 11일(일) 북한의 대표적 예술단인 삼지연 관현악단의 서울공연 관람에 인터넷 지원했었는데 내가 무작위로 선정된 관람대상자에 뽑힌 것이다. 흥분의 도가니 속에 난 감정을 주체하지 못했고, 두 시간에 걸쳐 여기저기 자랑질을 늘어놓기 시작했다. 얼마나 많은 사람이 이 공연을 보고 싶어 했겠는가? 특히나 북에 가족을 두고 있는 실향민들은 더했을 것이다. 무료로 진행되는 공연이 며칠 지나자 3백만 원 돈에 인터넷에서 암암리에 거래되기 시작했다.

2월 9일(금)부터 25일(일)까지 진행된 강원 평창 동계올림픽을 계기로 남북 관계가 훈풍이 불기 시작했다. 지난 5년여간 남북은 첨예하게 대립하며 한때 전쟁위기설에도 휩싸이기도 했다. 하지만 두 정상은 '봄이 온다'라는 제목으로 강릉과 서울에서 삼지연 관현악단의 공연을 개최하기로 합의하면서 대화의 물꼬를 트기 시작했다. 돈 주고도 절대 볼 수 없는 공연이다. 언제 또 이런 공연이 성사될지 기약할 수 없을뿐더러 일생일대의 기회에 선택된 행운을 놓칠 순 없다. 잠시 3백만 원의 유혹에 살짝 흔들리기도 했지만, 타인 거래는 엄연한 불법이었고, 값어치를 따질 수 없는 공연을 계산하는 자체가 어리석음을 느꼈다. 티켓도 당첨자 1인당 2매씩 나왔다. 난 도저히 가슴 떨려 보기 어렵다는 집사람을 간절히 설득하여 주변인들의 부러움을 받으며 공연장으로 이동했다.

정동 국립극장 해오름극장에서 진행된 삼지연 관현악단 서울공연! 좌석도 선착순으로 배정된다 하여 19시부터 시작되는 공연에 14시부터 나가 미리부터 줄을 섰다. 이 공연을 보기 위해 40여 년을 넘게 기다렸는데 이깟 5시간이 대수일쏘냐! 시간이 흐를수록 줄은 로비를 넘어 야외 주차장까지 길게 이어졌으며, 주위를 지키는 경찰병력 또한 삼엄하게 이중 삼중으로 바리케이트를 쳤다. 17시부터 신원 확인 후 실내로비로 입장이 진행되었다. 차츰 유명정치인, 연예인, 스포츠인, 문화인들 등도 입장하기 시작했다. 박원순 서울시장은 그중 시민들에게 가장 인기가 많았다. 소매를 붙잡혀 여기저기서 플래시 세례를 잔뜩 받고서야 자리를 이탈할 수 있었다.

18시 30분에 이르자 드디어 장막이 열리듯 국립극장의 거대한 문이 열렸다. 미리 온 덕분에 우린 로열석을 배정받았다. 2차, 3차의 신원 확인이 또 이루어진다. 역사적인 민족공연이기에 앞서 어쨌든 적국의 주요 인사와 예술단이 대거 참여하기에 혹시 모를 불상사에 철저히 대비하기 위함이었다. 까다로운 절차는 당연했다. 흥분된 공기와 통제된 공기도 마실 만했다. 잠시 후면 역사적인 공연을 볼 수 있다는 생각에 모든 게 멈춘 듯 기계적으로 지시에 따랐다. 공연 시작 전 문재인 대통령님 내외와 조선노동당 제1 부부장인 김여정과 최고인민회의 상임위원장인 김영남, 삼지연 관현악단장인 현송월이 등장하자 흥분은 최고조에 이르렀다.

남한에 대표적으로 알려진 곡인 '반갑습니다'를 필두로 공연이 시작되었다. 현송월 단장이 이끄는 80여 명의 오케스트라와 성악, 무용팀 60여 명으로 이루어진 팀은 일사불란하게 준비된 공연을 이어나갔다. 케이블 종편방송에서 들었을 법한 북측노래들과 춤을 바로 눈앞에서 바라보고 있자니 감격이 밀려온다. 같은 언어를 사용하며 같은 민족의 동질성을 가지고 있는 내 이웃 같은 분들이 TV에서 갑툭튀(갑자기 툭 튀어나온 것) 한 것 같다. 사상, 정파가 달라도 백두와 한라를 잇는 가슴 뭉클한 경음악과 노랫가락에 남과 북이 하나가 되어 가고 있었다.

관객과 공연단이 일치단결하여 조국 통일의 노래를 부르고 박수갈채를 보낼 때 분단의 조국은 무대와 관객석만큼 어느덧 가까워져 있었다. 평소 보수적 색채를 그려온 나에게도 우리와 전혀 다를 것 없었던 그들의 열정적이고 서정적인 공연은 잔뜩 취하기에 충분했다. 도수 높은 술에 빠져 헤어져 나오지 못한 듯 공연에 완전히 매료되어버렸다. 특히 20여 분간을 격동적으로 쉼 없이 연주했던 경음악 메들리, 새로운 접근으로 그들이 부른 우리가요, 미국의 컨트리 팝송들은 남과 북은 별개가 아닌 하나라는 사실을 증명해주고 있었다.

예정에도 없던 현송월의 깜짝 등장과 노래는 오늘 공연의 백미였다. '백두와 한라는 내 조국' 이라는 현송월의 유창한 노래는 처음 들어도 귀에 익은 듯 후렴구를 모두가 함께 따라 부르고 있었다. 또한 '우리의 소원은 통일'이라는 노래를 북측 최고 인민 가수인 김옥주가 부를 때 소녀시대 서현이 마치 약속이라도 한 듯 등장하여 함께 불렀고, 우리 관객들도 너나 할 것 없이 옆 사람의 손을 부여잡고 머리 위로 올려 함께 통일의 노래를 불렀다. 1시간 40분 동안 풍성하고 다채로운 퍼포먼스를 펼치며, 많은 한국 관객들의 큰 환호와 기립박수를 받으며 진행된 공연은 저녁 20시 40분에 피날레를 장식하였다. 무대에 오른 노 지휘자 장룡식을 필두로 공연에 참여한 모든 연주자, 가수들은 대한민국 국민들의 환호에 몇 번이고 감사의 인사를 올리며 퇴장했다.

마지막 문 대통령님과 김영남 위원장, 김여정 제1 부부장의 인사를 뒤로하고 우리도 아쉬운 발걸음을 되돌린다. 공연의 감동을 남기려 무대를 배경으로 사진을 찍었다. 로비에 있는 공연 안내 광고판을 배경으로도 추억을 남긴다. 관객들 모두 가슴 벅찬 감동의 선물을 한 아름씩 안고 국립극장을 나선다. 그들의 공연 뒷이야기들은 꼬리에 꼬리를 물고 한참 동안 이어졌다.

집으로 가기 위해 국립극장에서 가까운 동대입구역 지하철로 걸어서 이동했다. 그런데 역 부근이 차량과 인파로 꽉 막혀있었다. 예술단의 방문 자체를 반대하는 태극기 부대가 이미 오후부터 주변을 점령, 거센 항의 시위를 하며 경찰과 대치하고 있었다.

연호하는 함성과 스피커를 때리는 군가 소리가 지축을 뒤흔든다. 국립극장 앞에선 시민단체가 찬성 집회를 하고 있고, 지하철 역사 앞에선 태극기 부대가 반대 집회를 하고 있다.

각자의 외침은 잠시나마 잊고 있었던 분단 조국의 현실을 다시 실감하게 한다. 집회 자체의 성격은 충분히 이해하나 그들은 우리나라의 축제를 빛내기 위해 방문한 손님들이다. 많은 시민들도 불편을 겪고 있다. 내 생각과 다르다고 판단되면 그냥 무시하면 되었을 것인데 살짝 아쉽다. 어쨌든 저들의 목소리도 우리 대한민국의 소리로 받아들여야 한다.

주변 강대국의 이해타산에 따라 한반도의 허리가 잘린 지 벌써 68년이라는 시간이 흘렀다. 1퍼센트의 독재자들과 위정자들의 자리다툼에 99%의 우리 한민족은 생살을 찢는 고통을 겪으며 알 수 없는 총부리를 아직까지도 서로에게 겨누고 있다. 이번 평창 동계올림픽을 계기로 대화의 실마리가 풀려 분단의 장벽이 무너지고 이산가족이 서로 자유롭게 교류할 수 있는 날이 하루빨리 왔으면 한다. 이번 바람도 케케묵은 십수 년 전 새해엽서처럼 공염불이 되지는 않을까 두렵다.

감동의 물결 뒤에 아쉽고 안타까운 암흑 같은 밤이 계속되고 있어 너무 슬프다.

2018년 2월 11일 일요일

After…

남북 정상회담과 북미 정상회담을 거치며 남북관계에 훈풍이 부는가 싶더니 다시 한반도는 교착 상태에 빠져 있습니다. 무장해제 후 경제보장이 먼저냐? 와 경제보장 후 무장해제가 먼저냐? 의 줄다리기 싸움을 하고 있는 양국 간의 불신과 서로의 패를 붙들고 있는 북미의 고집이 지켜보는 이들로 하여금 탄식을 불러옵니다. 북녘에 이산가족을 두고 있는 1세대 분들이 가족들을 자유롭게 만날 수 있는 날이 대체 언제쯤 올까요? 그분들의 시계는 이제 멈출 날이 얼마 남지 않았습니다.

고민 버스

앞선 일 처리가 자꾸만 지체되어 등교 시간을 놓쳐버렸다. 오늘따라 에어컨 설치 보조 알바로 만난 고객마다 잔 요구가 왜 이리도 많으신지? 집에 옷을 갈아입기 위해 돌아가는 시간! 1분 1초를 아끼고자 집사람에게 전화로 미리 채비를 부탁했다. 거울 쳐다볼 시간도 없다. 부댓자루 뒤집어쓰듯 옷을 걸쳐 입고 겨우 기름때 묻은 손 비누칠과 교통 카드 챙길 시간만도 감사해야 했다.

오늘은 여작가(여행 작가 학교) 졸업하는 날! 지난 3개월 매주 화요일 5시가 넘으면 모든 걸 제쳐두고 합정행 지하철에 몸을 실었다. 오늘이 학교 가는 마지막 날인데 하필이면 지각이라니. 너무 일찍 학교에 도착해서 30여 분을 쭈뼛쭈뼛 기다렸던 날들이 지금 이 순간과 오버랩 되고 있다.

은평 뉴타운 ooo 아파트 앞 정류장 엘이디 안내판에 연신내행 7211, 701번 버스가 6분 후 도착한다고 뜬다. 제길! 지금 바로 타도 7시 수업 시작 전에 겨우 도착할까 말까 하는데. 보통은 거의 모든 버스가 연신내를 통과하니 2~3분을 채 기다리지 않아도 되는데 말이다. 초조하게 버스가 넘어오는 언덕 너머와 바뀌는 신호등을 연신 번갈아 바라본다. 함께 버스를 기다리는 승객들은 너무나 여유롭다. 나만 뭐 마려운 강아지마냥 정류장을 빙빙 맴돈다. 그리하면 좀 더 버스가 일찍 올 줄 알았나 보다.

6분 후 정확하게 두 대의 버스가 동시에 도착했다. 701이 앞섰고 7211이 뒤따랐다. 어떤 버스를 타지? 순간 고민이 생긴다. 근데 같이 기다리던 승객 대부분이 앞 버스 701을 승차한다. 힐끗 내부를 보니 701은 내부가 텅텅 비어있고 7211은 좌석이 모두 들어차 있다. 701은 간선버스라 명동 가는 사람들이 많이 타겠지? 7211은 지선버스라 은평 관내 분들 위주로 타셔서 좀 덜 타겠지? 그러면 뒤차가 더 빨리 운행하여 앞차를 추월 후 먼저 연신내역에 도달할 수 있겠지?

자석에 이끌리듯 나만의 계산법을 읊조리며 뒤차 7211로 승차했다. 조수석 방향 맨 앞자리가 유일하게 비어있어 눈치 볼 것 없이 자리를 차지했다. 두 차는 동시에 출발했다. 선글라스와 마스크를 쓴 버스 기사님 팔뚝의 성난 근육이 눈에 띈다. 지금, 이 순간 꼭 필요한 난폭운전에 정확히 어울리는 복장과 체격이다.

신도중 정류장까지 사이좋게 움직였다. 아직은 추월할 태세가 아닌 듯싶다. 앞차가 승하차 후 출발하는데 우리 차는 저만치서 뛰어오는 승객을 외면할 수 없는지 기다린다. 헉헉 거친 숨을 내쉬는 승객이 교통 카드를 찍고서야 출발하는데 바로 앞 횡단보도 신호등이 빨간불로 바뀐다. 시야에서 사라져가는 701 버스는 보기 좋게 잽싸게 내달린다. 원래 신호가 이렇게 긴 줄 몰랐다. 내가 건널 땐 건너편 도착하기도 전에 점멸하던 등이었다. 야속했다.

게다가 기사님은 점심에 굼벵이탕을 드셨나 보다. 신호가 바뀌었는데도 계속 저속운행이다. 뒤따르다 제풀에 지친 차들이 연신 잽싸게 우리 차를 추월한다.

집에서 연신내역 버스정류장까지 겨우 7 정거장! 기사님은 끝까지 겉으로 드러나는 본성을 숨겼다. 아마도 우리 앞차 701은 이미 불광역을 넘어 녹번역쯤 도달하였을 거다. 야속함을 계속 토로하며 창밖의 여유로운 풍경에 발을 동동 굴렀다. 연신내역 정류장에서 하차 후 곧바로 내달렸다. 다행히도 눈앞에서 출발 전인 합정행 6호선 지하철을 가까스로 붙잡았다. 필시 이번 기관사님도 점심때 굼벵이 죽을 드셨을 것이다. 시간을 보니 합정역 도착하면 6시 55분! 어쩌면 뛰어가면 7시 수업 시작에 도달할 것도 같다.

합정역 도착과 함께 뛴다. 가방을 펄럭이며, 몸을 좌우로 휘저으며 달린다. 눈앞에 나타나는 장애물도 거칠 것이 없다. 마치 육상 허들 선수가 된 기분이다. 마지막 도로 하나만 건너면 바로 교회가 보이고 그다음이 학교다. 근데 횡단보도 신호가 빨간불이다. 59분! 아~1초가 1분 같다. 발을 동동거리며 온갖 궁리를 한다. 그냥 위반해서 넘어갈까? 고민에 고민을 거듭할 무렵 신호가 바뀌었다. 마지막 백 미터! 젖 먹은 힘을 다해 다시 달렸다. 학교에 들어서서 시간을 보니 7시 01분!

죽을힘을 다했건만 지각이다. 강의장에 들어서니 이미 수업이 시작되어 진행 중이다. 민망함에 맨 뒷자리에 자리를 잡는다. 헐떡이는 숨은 한참이 지나서야 잠잠해졌다. 어제부터 시작된 몸살이 다시 도지기 시작한다. 아. 억울해! 수업 과정 동안 한 번도 결석 안 하고, 한 번도 지각 안 했었는데. 모두 그 7211 버스 기사 때문이라고 욕이라도 하고 싶다. 하지만 난 맘을 돌린다.

"녀석아, 그건 너 때문이야, 네가 남들 다 타는 701번을 탔었어야지"

"텅텅 비어있었던 간선버스를 선택했었어야지"

그렇다. 내 탓이다. 누가 누굴 탓한단 말인가?

버스 선택에 있어 고민을 더 많이 못 했던 내가 문제였을 수도 있겠다. 고민 버스와 무관하게 그래도 난 졸업장과 동시에 영예의 개근상을 수여받았다.

우린 인생의 순간순간 수많은 선택의 기로에 선다. 그러면 고민 속에서 최선의 방법을 선택한다. 그 선택에 있어 왕왕 실패가 동반하기도 하지만, 나중에 더 낫은 결과로 실패가 묻히게 되기도 하고 그 실패를 전화위복의 기회로 삼기도 한다. 때론 순간 잘못된 선택과 판단으로 인해 헤어나지 못할 나락으로 떨어지는 경우도 있다. 그 결과는 좋든 싫든 모두 본인이 받아들여야 한다. 그러나 난 선의의 선택은 결코 나 자신을 배반하지 않으리라 믿으며 지금까지 살아왔다. 물론 내 삶에 있어 굵직했던 선택들은 항상 적중했고 좋을 결과로 이어져 왔다.

그렇다면 이번 여행 작가 학교 3개월 과정의 선택은 내 인생에 있어 어떤 결과를 안겨다 줄까? 자못 궁금해지는 밤이다.

2018년 6월 12일 화요일

After…

난 그날 이후 무조건 맨 먼저 오는 차를 잡아타는 습관이 생겼다. 그리고 항상 그 차는 제일 먼저 연신내역에 도착한다. 인생도 마찬가지다. 만약 내게 어떠한 것이든 기회가 찾아온다면 앞뒤 가리지 않고 잡고 보자! 그래야 성공하든, 실패하든 후회가 남지 않는다.

브라보 마이 라이프

해가 졌다. 서산 너머 뉘엿뉘엿 넘어가던 숨소리는 산자락 뒤로 붉은 숨을 거칠게 내쉬며 한순간에 멎어갔다. 곧이어 찾아온 어둠! 한낮의 영화와 부귀는 온데간데없고, 찾을 수도 볼 수도 없다. 오로지 남은 건 긴 적막과 별들의 울음소리들뿐! 어둠을 비춰주는 달빛조차 슬프기 그지없다.

딸 녀석(중1)이 방과 후 집에 오자마자 굵은 눈물을 소리 없이 흘리며 제 엄마 가슴에 얼굴을 파묻는다. 엄마와 난 영문도 모른 채 오늘 학교에서 무슨 큰일이라도 생겼나 애를 태운다.

그저 감싸주고 안아주며 스스로 입을 열기만을 기다릴 뿐이다. 5분쯤 지나자 꺼억꺼억 소리가 잦아들기 시작했다. 이제 경청해야 한다. 도대체 오늘 딸은 학교에서 무슨 일이 있었을까? 딸에겐 둘도 없는 단짝 친구가 한 명 있다. 초등학교 때도 3년이나 같은 반이 되었을 정도로 그 높은 확률만큼이나 우애가 돈독하고 친한 친구였다. 언젠가 집에 처음 놀러 왔을 때 우리 부부는 의아함에 고개를 갸우뚱했다. 키가 큰 딸에 비해 작은 친구였고, 명랑한 딸에 비해 성격이 소심했으며, 노력을 요하는 딸의 성적에 비해 공부도 훨씬 잘하는 우등생이었다. 그 댁에선 우리 딸이 정반대의 면을 가지고 있어서 오히려 맘에 드셨다고 한다. 친구의 집은 조모가 계시는 대가족이었는데 친구 할머니의 성씨가 우리와 같은 서 씨라 했다. 그래서 할머니도 우리 딸을 특히나 더 예뻐하셨다고 했다. 그러다 같은 중학교에 진학했고 1학년 때는 비록 같은 반은 아니었지만 바로 옆 반에 두고 친분을 이어가고 있었다.

그런 친구가 오늘 결석을 했다고 한다. 모범생이었고 제아무리 몸이 아프거나 집안에 무슨 일이 생겨도 학교는 꼭 나오던 친구였다. 친구와 같은 반인 다른 친구들에게 영문을 물어봐도 다들 결석의 이유를 몰랐다. 딸은 걱정이 되어 방과 후 친구에게 전화를 걸었다.

친구는 한참 만에 전화를 받았다.

"지연아, 오늘 너 왜 학교에 안 왔어?"

"…"

"응?"

"우리 아빠 암으로 오늘 돌아가셨어!"(울먹이며)

지연이 아빠는 1년 전부터 간암을 앓고 있었다고 했다. 지연이 할아버지께서도 간암을 앓으시다 수년 전 돌아가셨다고 한다. 가족력으로 족쇄처럼 되어버린 암의 늪에 빠져 지난 1년간 가족을 제외한 채 아무도 모르게 사투를 벌이고 있었던 것이었다. 항암 치료 등 다방면의 치료를 하였으나 결국 오늘 돌아가셨다고 한다. 친구는 그런 아버지의 병세를 아무에게도 알리지 않았다. 오늘도 친구들에게 짐이 되기 싫어 담임 선생님께만 보고드리고 친구들에게는 비밀로 해 달라고 했다고 한다. 그런 친구가 우리 딸에게는 그 사실을 말해준 것이다. 딸의 눈은 어느새 퉁퉁 부어올라 있었다.

'내가 이럴 것이 아니지?'

"여보 가봅시다. 어느 병원이라 했지? 어서 나설 채비를 하거라"

지연이 아빠도 나와 비슷한 연배라 했다. 어쩜 사회에서 만났으면 친구였을 수도, 선후배였을 수도 있겠다. 그런 동년배가 세상을 떠났다 하니 내 일처럼 느껴져 도저히 이대로 앉아만 있을 수 없었다. 아내와 자식들, 그리고 어머니를 남겨두고 얼마나 떠나고 싶지 않았을까? 얼마나 살려고 발버둥 쳤을까? 특히나 착하고 예쁜 큰딸 지연이 결혼식 날 팔짱 끼고 얼마나 같이 들어가고 싶어 했을까? 슬픔을 뒤로하고 그렇게 아버지 곁으로 떠나갔다. 장례식장엔 평소 그의 됨됨이를 말해주듯 조문객으로 넘쳐났다. 일면식이 없던 터라 조용히 우리 부부는 조문만 하고 나왔다. 이미 눈물이 말라버린 지연이에게는 손 한번 잡아주고 힘내라는 말뿐 더할 말이 없었다. 딸과 둘만의 시간을 만들어주고 우린 주차장 차 안에서 딸을 기다렸다. 수도 없이 오르내리는 조화 화환들과 빈자리가 무섭게 주차 차량으로 들어차는 주차장 풍경이 우리네 인생보다도 빠른듯하다.

사람들은 화환 수와 조문객 수를 가늠하며 생전의 고인을 평가할지도 모르겠다. 휴짓조각만도 못한 유효기간 2박 3일짜리 키 큰 조화는 3일 후 또 다른 장례식장을 찾아 긴 행렬을 이루겠지! 조문객들이 썰물처럼 빠져나간 장례식장엔 두꺼운 조의 봉투와 술병들만 나뒹굴겠지! 그리고 또 다른 영혼이 이승과 이별하기 위해 이 자리를 차지하겠지! 언젠간 나도 저들의 뒤를 따라야 할 그날이 올 것이다.

익숙해져 버린 저 풍경들을 위에서 바라보며 무슨 생각을 할까? 생과 사가 한순간이라지만 온화하게 웃고 있는 지연이 아빠 영정을 바라보면서 느꼈던 그 허무함을 위에서도 느끼고 있지 않을까? 문득 봄여름가을겨울의 노래 구절이 떠오른다.

내일은 더 낫겠지 그런 작은 희망 하나로 사랑할 수 있다면 힘든 1년도 버틸 거야 일어나 앞으로 나가 네가 가는 곳이 길이다 Bravo Bravo My Life 나의 인생아 지금껏 살아온 너의 용기를 위해 Bravo Bravo My Life 나의 인생아 찬란한 우리의 미래를 위해

난 지금, 이 순간에도 치열한 삶에 지쳐 사랑하는 사람에게 상처를 주고 소중한 시간을 헛되이 낭비하고 있는지 모르겠다. 앞으로는 사랑하는 사람에게 더 많은 사랑을 표현하고 헝클어진 내 영혼에도 힘과 용기를 주며 힘찬 박수를 쳐주고 싶다. 그래서 한 번 왔다가 가는 인생 저 위에서 후회 없었노라, 잘 살았노라 큰소리로 외치고 싶다.

"브라보 마이 라이프"

2018년 7월 11일 수요일

After…

이럴 수가?

몇 달 후 딸과 지연이는 사소한 문제로 절교를 했다. 껌딱지처럼 붙어 다니며 영원한 우정을 약속하드만. 소녀들의 얕고도 깊은 감정은 종잡을 수가 없다.

난 그 전보다 몇 배나 더 열심히 즐겁게 살고 있다. 후회하지 않을 만큼. 마지막으로 위 노래를 부른 '봄여름가을겨울'의 드러머 전태관 님의 명복을 빕니다.

위 원고는 2018년 12월 은평 지역 신문에 기고 후 '은평문예'라는 책에 다른 분들의 작품과 함께 실린 글입니다.

북악산 트레킹

원체 바깥나들이를 싫어하는 어부인, 김일성도 두려워했다는 두 중학생! 오늘을 위해 일주일 전부터 난 그들의 요구 조건을 모두 수용하며 칼을 갈았다.

단풍은 북녘에서부터 쓰나미처럼 밀려 내려오고 있고, 가을들녘은 머잖아 휑해져 외로운 허수아비만이 참새들의 친구가 될 터이다. 이 가을을 만끽하러, 아니 만끽시켜주려 청와대 뒷길인 북악산을 가족들과 함께 올랐다.

불과 한 달 전 폭염이 무색할 만큼 조석으로 기온이 차다. 버스 2번을 갈아타고 도착한 북악산 초입 자하문 윤동주 기념관! 서울 살고 있으면서도 처음 오는 곳이다. 기념관을 둘러보며 선생이 독립운동가이기 전 순수 문학도로서 삶의 여정도 재조명해본다. 선생이 우물을 들여다보며 썼다는 '자화상', 나도 그 우물 전시물 옆에서 늦게나마 문학 생도로서의 꿈을 키우고 있는 우물 속에 비친 나를 들여다본다. 선생의 고뇌와 열정이 우물 속에서 투영되어 내 가슴속으로 들어왔다. 마치 격려해주고 응원해주는 듯싶었다.

기념관 건너편 창의문에서부터 산행은 시작되었다. 창의문 앞 공터에서는 무명 싱어송라이터 여가수의 버스킹 공연이 한창 진행 중이었다. 관객은 비록 6~7명에 불과했지만, 그녀가 부른 카펜터스의 Top of the world는 웸블리 경기장, 도쿄돔에서 부른 이상의 감동을 불러일으켜 주었다.

이곳 북악산은 군사 통제구역으로 민간인 출입이 계속 금지되다가 2007년에 이르러서야 개방되었는데, 서울 중심지를 한눈에 내려다 볼 수 있는 환상의 트레킹코스이기도 하다. 4년 전 우리 가족은 혜화동에서 이곳 자하문 코스로 산행을 했었는데 오늘은 반대의 코스로 가보기로 했다. 신분등록 절차 후 출입증을 단 뒤 죽음의 수직 계단으로 들어섰다.

귀찮은 건 질색이나 뭐든 주어지면 끈질기게 해내고 마는 아들 녀석은 시작부터 저만치 달려 나간다. 새로운 일이나 관심 있는 일엔 늘 흥미를 가지고 적극적이나 지구력이 약한 딸은 10계단 오르고서는 지친 기색이 역력하다. 그래도 집사람은 북악의 공기와 산세가 좋은 듯 미소가 만연하다.

시간이 흐를수록 경사는 더 급해지고 계단은 꼬꾸라져 있는 듯 우릴 빌져낸나. 딸 녀석은 이미 집에 돌아가고 싶다고, 자기 혼자라도 간다고, 우리 셋만 다녀오라고 포기선언문을 낭독했다. 그런 딸을 구슬려가며, 물을 먹여가며. 칭찬해가며 한 명은 뒤에서 밀고 한 명은 앞에서 당기며 능선을 기어올랐다. 5분만 가면 정상 도착한다는 거짓 달콤 화법도 물론 빼놓을 수 없는 당근책이었다.

오르막이 있으면 반드시 정상도 있는 법! 우여곡절 끝에 해발

342m 백악산 정상에 당도했다. 산이 원체 가팔라 북악산은 백악산이라 불리기도 한다. 사진 촬영은 필수다. 그러나 나를 제외하고 다들 사진 찍는 걸 즐겨하지 않는다. 겨우 아들 녀석만 꼬셔서 몇 컷 남긴 거나, 가족들을 몰래 뒤에서 찍은 사진들만으로도 만족한다. 물론 나중엔 SNS에 사진등재 허락까지 맡았으니 말이다.

산행 중 간식 먹는 것도 최고의 희열 중 하나다. 미리 싸 온 롤케이크와 음료수, 감 등을 나눠 먹으며 가족애도 돈독히 한다. 최근 아들 녀석의 성적 고민과 딸 녀석의 교우 고민도 들어주며 고민을 함께한다. 이맘때쯤 누구나 겪는 성장통이며 우리 부부 또한 똑같이 겪었던 또래의 고통이건만 답은 제시하지 못한 채 길만 제시해 줄 뿐이다. 그 길을 걷는 몫 또한 그들이기에.

이제부터는 완만하게 내려가는 코스이다. 어느새 딸 녀석의 투정은 사라졌다. 아들 녀석의 페이스는 여전하다. 두 녀석이 앞서서 나란히 걸어가고 우리 부부는 좀 떨어져서 천천히 뒤따라간다. 늘 다정다감하게 서로 챙겨주고 잘 지내는 아들딸의 뒷모습이 참 보기에 좋다. 우리 부부도 오랜만에 가을의 정취를 만끽하며 담소를 나눈다. 누군가가 뒤에서 우리 가족의 뒷모습을 사진에 담았다면 이 사진은 필시 베스트 컷일 테다.

길목에서 소위 121소나무도 만났다. 이미 사진 촬영의 명소로 등산객들이 줄을 길게 서서 사진을 찍고 있다. 내가 걷고 있는 이 코스는 1968년 121 사태 때 김신조를 포함한 공비가 청와대를 습격하려 침투하던 침투로이기도 하다. 당시 국군과 교전을 벌이다 총에 맞은 총탄 흔적이 그대로 남아있는 상처투성이 소나무가 있는데, 이를 121소나무라 명칭하고 있다. 산 아래에는 그때 유명을 달리하신 전사자 군경동상이 세워져 있다.

드디어 숙정문에 도달했다. 서울 성곽 4대문 중 하나로 북쪽에 위치해서 북대문이라 불리기도 한다. 숙정문을 지나면 바로 말바위 안내소가 나오는데 여기서 스탬프를 받을 수 있다. 서울시에서는 한양 4대 도성 스탬프투어를 진행 중인데 즉 동대문, 서대문, 남대문, 북대문을 트레킹 완주한 뒤 각각 지정된 장소에서 스탬프를 받는 프로그램이다. 완주하면 기념배지를 준다고 하는데 다음을 기약하며 우리 가족도 도장을 받아두었다. 지난 수원화성 실습 당시 스탬프를 받기 위해 동분서주하던 내 모습들이 그려지기도 했다.

우리 가족은 말 바위 안내소를 끝으로 청와대 옆길인 삼청공원 방향으로 하산을 했다. 비록 2시간의 짧은 산행이었지만 오랜만이라 그런지 허리 아래로 안 아픈 곳이 없다. 유아숲 도서관과 삼청공원에는 도심 속 힐링족들로 넘쳐났다. 다들 하나같이 표정들이 맑고 행복해 보인다.

삼봉 정도전은 경복궁을 현재의 주산인 북악산 앞에 짓자고 했고 무학대사는 인왕산 앞에 짓자고 했다. 결국 정도전의 주장대로 북악산을 뒤로 두고 경복궁은 세워졌고 무학대사의 예언대로 지난날 조선과 대한제국, 대한민국은 역사의 소용돌이 속에 빠져 한시도 조용한 날이 없었다. 2018년에 사는 나로서는 삼청공원의 평온함과 무학대사의 예언이 오버랩되고 있을 뿐이다. 역시나 오늘도 청와대 앞은 저마다 반대 소리를 내는 시민들에 의해 찢어지는 스피커 소리와 함성으로 지축을 뒤흔들고 있었다. 그 광경을 신기해하며 지켜보는 외국 관광객들의 표정들도 웃지 못할 풍경이다.

아래 세상의 도심 속 차량과 사람들은 하나같이 바쁘게 움직이고 있었다. 북악산 위의 평온하고 여유로웠던 우리 가족도 이제부턴 그들과 보조를 함께 맞춘다. 2018년 가을 속 우리 가족 북악산 산행은 그렇게 종료되었다. 비록 조건부 산행이었지만 가족과 함께여서 행복했고 그들의 요구 조건을 들어주어 행복했다. 호주머니가 가벼워지는 건 까맣게 잊은 채 말이다.

"다음 주에도 놀러 갈 거지?"

2018년 10월 14일 일요일

After…

다음 주. 우린 놀러가지 못 했다.

그다음 주도 가지 못했다.

그다음 주의 그다음 주도 역시 못갔다.

아니, 이제 애들이 안 간다고 한다.

딱 그럴 나이이다.

부모랑 하는 거의 모든 것이 귀찮고 싫은.

실은 나도 그맘때 그랬다.

대신 지갑 속 내 용돈도 굳었다.

하나 된 시작 이후 20년!

스물넷의 젊은 청년들은 두 강산이 흘러 이렇게 다시 만났다. 세월은 그들을 한국을 이끌도록 강한 혈류를 뿜어내는 이 시대의 심장으로 만들었으며, 고달픈 어깨를 지탱시키고 있는 한 가정의 아버지로 만들었다. 그들은 비록 살이 처지고, 머리숱은 줄고, 배가 불룩한 아저씨들이 되었으나 어제 하루만큼은 모두 '젊은 그대'의 떼창 아래 새로 태어난 젊은 청춘들이었다.

까마귀 단복과 007단백, 납작 베레모, 그리고 녹색 반지.

그러고 보면 전국 각지에 뿔뿔이 흩어져 있지만 우린 공통점이 참 많은 듯싶다. 이렇게 많은 인원이 공통의 복장과 행동, 그리고 공통의 영광을 위해 함께 움직였던 단체가 또 어디 있겠는가? '후보생의 고독'을 목메며 부를 수 있는, '장교단가'를 가슴 울리며 부를 수 있는 우리 94학번, 98 군번 ROTC 36기 동기들이 이 세상에 또 어디에 있겠는가?

'하나 된 시작'이라는 슬로건으로 시작된 우리 98년 임관식! 그래서 어제 우리의 임관 20주년 행사는 더더욱 특별했다. 혹자는 전 인원대비 6~7%의 참석률을 과소평가할지 모르겠다. 하지만 그들의 시작은 겨우 4명에서 출발하였다. 지금 우리는 하천지류를 통과하고 있으며 머잖아 강을 거쳐 거친 바다에서 다시 뭉칠 수 있으리라 생각한다. 우린 그 험난한 1997년 IMF도 잘 견뎌냈고, 2007년 서브프라임 모기지 사태도 모두 이겨냈지 않았는가? 1975년 토끼띠 세대들은 그 전 1993년 겨울 수능 1세대라는 관문의 소용돌이도 뚫었었다.

거수경례가 몇 년 만이었는지 모른다. 곧게 편 손가락과 예리하게 세운 손날, 그리고 가슴속 뜨거운 울림은 98년 3월 학생 중앙군사학교 임관식장으로 타임슬립 시켰다. 목청껏 애국가를 복창하고, 여러 귀빈 선후배님들의 '충성' 구호들 속에서 양어깨에 소위 견장을 달아주시던 아버지의 모습이 떠오른다. 세상 누구보다도 기뻐하시던 모습! 식 종료 후 정모를 하늘 높이 집어던졌을 때 그 희열이란!! 물론 난 그날 정모가 뒤바뀌어 훗날 대두였던 내 머리를 소화하지 못해 무척이나 고생했었다.

집행부가 새로이 교체되었다. 늘 멀리서만 지켜보고 있었다. 최일선에서 36기의 부흥을 위해 생업을 뒤로하고 헌신봉사 하는 그들이야말로 우리들의 영웅이다. 자잘한 실수도 있을 수 있고, 때론 지향점이 나와 맞지 않을 수도 있다. 하지만 그들이 있기에 대한민국의 심장이 뛰고 있는 것처럼 우리 36기의 심장도 뛰고 있다. 질책은 나중에. 아주 나중에 해도 된다. 지금은 박수와 격려가 필요할 때다. 한 수저라도 흙을 함께 쌓아 올려야 한다.

나도 한 발 짝이라도 전진하여 그들과의 거리를 좁혀야겠다.

대한민국의 ROTC 36기 동기들이여! 일어나라! 그리고 함께하자! 주저할 수도 있고 여건이 안 될 수도 있고 구심점이 없을 수도 있다. 지금 함께할 수 없다면 내일이라도 좋다. 우리들의 심장이 멈추지 않은 이상 기다릴 수 있다. 함께하는 날! 지난날의 주저함, 망설임, 어색함도 모두 통쾌하게 지구 밖으로 날려버리자! 우린 동기이고 하나니까!

응답하라, 우리 36기 동기들이여.

2018년 10월 21일 일요일

After…

2019년 동기회 1년 행사 계획이 차질 없이 잘 진행되고 있다. 그때마다 매번 처음 본 동기들이 새로이 선을 보이는 것을 보면 참여도와 관심이 많이 증가한 듯싶다. 이대로만 가면 우리 36기 3,700여 동기들이 다 함께할 날도 머지않았겠지!

기해년 첫째 날을 열다

제야의 종소리를 듣고 새해 안부 인사까지 모두 돌리고 잤으니 세 시간 남짓 정도 잤을 듯싶다. 새벽 5시 요란한 알람 소리에 몸을 뒤척였다. 간밤에 아들 녀석과 새해 일출을 보기 위해 집 뒤 북한산을 오르기로 약속해둔 터였다. 재작년엔 부산 광안대교 위 바다에서, 작년엔 인천 정서진 육지에서 온 가족이 새해를 맞이했었다. 올해 북한산 정상에서 대망의 새해를 맞이하면 모름지기 육해공 일출 트리플 크라운을 달성한다.

황금돼지해라 불리는 첫째 날이라고 다를쏘냐? 기상과의 전쟁은 1년 365일 어느 날이라도 예외일 수 없다. 10여 분 반복되는 알람 멜로디에 백기 들고 투항한다. 오늘은 잠과의 옥타곤 링 결투에서 승리한 셈이다. 솔직히 난 이 녀석과의 전적에서 밀린다. 용호상박의 대결이건만 꼭 판정패로 진다.

아들은 벌써 거실에 나와 대기 중이다. 간밤에 구매해둔 컵라면과 보온병에 뜨거운 물을 준비한다. 집사람은 김밥 두 줄을 싸주며 부자간의 새해 첫 산행을 응원한다. 사실 모두 같이 가자며 며칠 전부터 설득했으나 집사람과 딸은 실패했었다. 아들도 모종의 뒷거래를 약속하고서야 겨우 동행을 허락받았다. 올해 고등학교에 진학하는 아들에게 기해년 첫날의 새해 기운을 꼭 받게 하고 싶었기 때문이다.

모두가 잠든 새벽은 고요하기만 하다. 초승달과 별들만이 깨어 있을 뿐이다. 짙은 어둠을 뚫고 불어오는 새벽공기가 날카롭게 차다. 자라가 목을 감추듯 파카 안 깊숙이 목을 구겨 넣는다. 집에서 진관사까지 도보로 10분! 진관사에서 오늘 목표지점인 사모바위까지는 대략 1시간 30분 소요된다. 진관사에 도착하니 등산을 준비하는 사람들이 삼삼오오 모여 있다. 아들과 나도 대오에 합류하여 산을 오르기 시작한다.

모두 완벽복장을 갖추었다. 동트기 전 절정의 어둠 속을 뚫고 가는 산행이기에 헤드랜턴은 필수였다. 또한 험한 산을 오르기 위해서는 스틱도 중요했다. 하지만 우리 두 부자가 의지하는 건 핸드폰 후레쉬 불빛뿐! 그들과 비교하여 초라하고 엉성하기 그지없다. 앞서가는 등산객들이 우리가 안 되어 보였는지 자꾸만 뒤에서 따라가는 우리를 바라본다. 험한 돌부리와 비탈진 경사, 결빙구간을 조심하라는 따뜻한 랜턴의 무한신호다.

겨울 산의 밤은 모두가 동면한 듯 고요하다. 한낮 새들의 합창소리도, 요란한 계곡물 소리도 깊은 겨울잠을 자고 있다. 후레쉬 불빛과 산을 오르는 거친 숨소리, 저벅저벅 발소리로 그들의 잠을 깨운 것 같아 괜스레 미안해진다. 하지만 북한산 주인들이 산을 품은 넓은 마음으로 객들인 우리를 용서해주시리라!

완만했던 등산로가 거친 절벽 구간에 다다르자 파카 안으로 결집된 체온이 출구를 못 찾고 허둥대고 있다. 한겨울 추위를 녹이는 땀방울이 어느새 몸 전체를 둘러싸고 있다. 자라목은 이미 온데간데없다. 마지막 마의 구간 힘을 낸다. 저 고비만 넘으면 완만한 산등성이에 올라선다. 아들을 계속해서 독려하며 한 발 한발 수를 놓는다.

어느새 푸르스름하게 새해 아침이 밝아오고 있다. 핸드폰 후레쉬를 끄고 걸어도 지장이 없다. 향로봉 삼거리에서 비봉 방향으로 좌회전한다. 진관사 방향에서 올라온 우리 그룹과 불광동 방향에서 올라온 그룹, 구기동 방향에서 올라온 그룹들이 이 구간에서 뒤섞인다. We are the world! 처음 보는 이들끼리 밝은 새해 인사를 나눈다. 초등학교 저학년으로 보이는 남학생이 땀에 젖은 붉은 얼굴로 인사를 하는데 기특해서 절로 머리를 쓰다듬어 준다. 부모 따라 길을 나섰겠지만 혹한을 넘어서 험한 북한산의 새벽을 깨고 올라온 넌 필시 크게 될 놈이다.

비봉엔 이미 많은 사람이 모여 있었다. 사모바위까지는 5분! 이미 풀려버린 발이 다시 힘을 낸다. 완만한 길이라 이제 여유까지 보인다. 사모바위에는 여러 단체에서 온 등산객들과 가족 단위, 친구 단위, 연인 단위의 등산객들로 발 디딜 틈이 없었다. 오늘 해뜨는 시각은 7시 47분으로 예보되었었다. 남은 시간은 20분! 서둘러 만찬 준비를 한다.

바람이 불지 않은 한쪽 귀퉁이에 자리를 잡고 용기 라면에 뜨거운 물을 붓는다. 주변의 부러운 시선들이 조금씩 느껴진다. 오래 기다릴 필요도 없다. 이 시선을 빨리 즐기고 싶다. 김이 모락모락

나는 면발 줄기를 집어 올린다. 일부러 '후' 하고 소리 내어 불며 주변의 식욕을 자극한다. 집사람이 싸준 김밥은 양념 역할을 한다. 참다못한 일부 등산객들이 당장 내려가서 라면 먹자고 옆 사람을 재촉한다. 일부는 견디다 못해 자리를 피하기도한다. 최대한 절제하며 국물 한 방울 남기지 않고 설거지하듯 비웠다. 이전의 고통스러웠던 과정들이 눈 녹듯 사라졌다.

차츰 먼 산 너머 산자락 위로 붉은 기운이 올라오기 시작했다. 여기저기서 함성도 나고 기도 소리도 들린다. 카메라를 켜고 기해년 첫째 날의 새해를 담을 준비를 한다. 일부 구름이 살짝 껴 온전한 형태는 볼 수 없었으나 노른자 모양의 새해가 떠오르기 시작했다. 아들과 난 올 한해 우리 가족의 건강과 행복, 안녕을 빌었다. 새해의 기운과 햇살을 두 팔 벌려 껴안았다. 올해 새로운 일에 도전을 해야 하는 나와, 고등학생이 되는 아들은 분명 좋은 기운으로 기해년의 첫째 날을 열었을 것이다.

산 정상의 맞바람이 조금 전까지만 해도 못 느꼈던 추위와 한기를 동반하며 하산을 재촉하게 한다. 이미 등줄기의 땀은 얼음장이 된 지 오래다. 올라가는 길은 힘들고 시간도 느리게 가는 반면에 하산하는 길은 올라갈 때보다 훨씬 더 위험하고 무척이나 빠르다. 우리네 인생도 그러할까? 학창 시절을 거치고 사회에 진출하여 자리 잡고 자녀들을 성장시키기까지 부단한 어려움과 난관에 부딪히는 반면에 시간은 참 느리게도 흐른다. 그러나 중년을 넘어서면 시간은 제트기처럼 달아나며 언제 추락할지 모르는 위험성을 갖고 있다. 그저 미끄러져 넘어지지 않도록 아들의 손을 꼭 잡고 내려왔다.

아들과 함께한 기해년 첫째 날의 동행!

아들은 암흑 속에서 앞장서 걸어가는 아빠의 뒤꿈치만 보고 따라 걸었을 것이다. 핸드폰 불빛에 의지하여 아빠는 길을 개척하고 아들은 묵묵히 아빠를 믿고 따라왔을 것이다. 자식들에게 바른 모습, 바른길을 걷도록 등대 같은 역할이 되기 위해 노력해왔다. 좋은 아빠가 되기 이전에 길잡이 아빠가 되기 위해 노력해왔다. 오늘 난 아들에게 충분한 길잡이가 되어 주었을까?

오늘 북한산 사모바위 정상에서 빌었던 소원 중 단 하나만 들어주실 수 있다면 아들의 소원을 들어 달라 말하고 싶다. 난 그저 가족이 내 곁에 있어 주는 거로만 만족한다. 기해년 황금돼지해의 기운이 지구 곳곳에 퍼져 모두가 행복하고 함께 사는 세상이 되길 기원해본다. 산 정상에서 가져온 쓰레기를 그제서 재활용 분류한다. 새해의 태양이 뜨겁고 고요하게 거실로 밀려 들어온다.

2019년 1월 1일 화요일

After…

북한산에서 새해 기운을 가득 받아서인지 일이 술술 풀리고 있다.
고등학교에 입학한 아들도 낯선 생활에 잘 적응하고 있는 눈치다.
가족에게도 잘 전달된 느낌이다. 북한산은 분명 영산임이 틀림없다.
조만간 다시 한번 오르리라!
이번엔 누가 같이 갈 분 없으세요?

사랑하는 내 강아지

해 질 무렵 업무를 마치고 복귀하다 도로 갓길에서 검은색 휴대폰을 습득하였다. 그것도 직접 차량을 운전하고 오다 발견할 정도로 그 과정이 극적이었다. 빠른 속도로 스쳐 가는 주변 풍경 속에서 휴대폰 물체가 내 눈에 띄었던 것도 신기했고, 그걸 인지하고 멈춰 서서 주우러 길을 거슬러 간 나도 신기했다. 여하튼 이놈도 참 운이 좋다. 하늘에서 내려온 천사가 아니었으면 곧 차량에 밟혀 폐고물이 되었거나, 아니면 이름 모를 중국 비행기에 실려 갈 처지가 되었을지도 모르겠다.

분실한 이로부터 전화가 걸려오길 기다리며 핸드폰을 탐색했다. 작년 출시된 갤럭시 s8 고급기종으로 가죽 케이스도 씌워있어 그야말로 새것처럼 번지르르하다. 케이스 안쪽으로 신용카드 3장, 교통 카드 1장, 이름 모를 회원권 등이 꽂혀있다. 신분을 유추할 수 있는 정보가 아무것도 없다. 아직 분실자가 이 청천벽력 같은 사실을 모르고 있나 보다. 머잖아 분실 사실을 깨닫는 순간 애간장이 녹아내리게 지인들에게 하소연하며 오늘 그가 걸어왔던 행적들을 좇겠지?

좀 더 깊숙이 들어가 본다. 다행히 화면암호는 걸려있지 않았다. 불과 30분 전까지 톡을 주고받은 흔적이 있는걸 보니 잃어버린 지 얼마 안 된 듯싶다. '사랑하는 내 강아지' 라 닉네임 지어진 이와의 대화 내용이 참 사랑스럽고 정 깊게 느껴졌다. 아마도 그 닉네임은 딸인 듯싶고 분실자는 그녀의 어머니로 추측되었다. 차츰 실마리가 풀려진다. 하지만 아직도 전화는 걸려오지 않는다. 사생활을 더 들여다보는 건 아닌 것 같아 핸드폰을 닫고 애타는 이의 전화를 기다린다.

순간 온갖 잡념과 번뇌가 머릿속에서 요동친다. 사양도 좋고 상태도 최상급이라 나쁜 맘을 먹을까도 아주 잠시 고민해보았다. 수년 전 나도 휴대폰을 분실한 적이 있었는데 끝내 되돌려 받지 못해 원통해 한 적이 있지 않았던가? 난 그로 인해 당시 휴대폰 가격에 대한 피해보다 휴대폰 내에 저장되어 있던 연락처, 추억 사진, 각종 은행 자료 등을 통째로 날려버린 피해가 훨씬 더 막대했다. 내 인생의 일부를 잃어버린 셈이었고 누군지 모를 습득자를 세상의 모든 나쁜 언어 등을 통해 저주했었다. 그러면서 복수를 다짐했었다.

그러나 난 그런 저질 장사꾼이 되고 싶지 않았다. 복수는 또 다른 복수를 부른다고 하지 않았던가? 순간의 욕심으로 인해 자녀를 키우는 부모로서 아이들의 앞날을 훼방 놓을 순 없었다. 감히 내가 뭐라고 휴대폰 속 한사람이 써 내려간 역사를 세절 시킬 수 없었다. 또한 양심이 용서치 않았다. 내 안의 힘이 센 양심이란 놈이 교활한 욕심이란 놈을 유도 누르기 한판으로 제압하고 있었다. 멋지게 난 그 유혹에서 탈출해냈다.

약속이라도 한 듯 그 순간 전화가 걸려왔다. '사랑하는 내 강아지'이다. 전화를 받는 순간 수화기 너머 애달프고 절실한 젊은 여성의 목소리가 들려왔다. 추측대로 분실자는 어머니이고 본인은 딸이라 소개했다. 현재 엄마는 산 지 얼마 되지도 않은 휴대폰을 분실하였다며 앓아누워 계신다고 한다. 대충 습득 당시의 상황과 장소를 설명해주니 그녀 또한 엄마의 분실상황을 복기해냈다. 엄마는 아빠와 함께 마트에 들러 장을 보고 돌아오는 중이라 했다. 돌려줄 약속 시각과 장소를 정하고 전화 통화를 끝냈다.

'감사합니다'라는 단어를 백번도 더 들은 듯싶다. 이렇게 뿌듯하고 기쁠 수가 없다. 잠시라도 다른 맘을 품었던 나 자신이 한없이 부끄러워진다. 딸은 엄마의 잃어버릴 뻔했던 중요한 인맥과 추억들을 재소환해냈고, 엄마와 대화의 기록을 계속 이어나갈 수 있게 했다. 휴대폰 속의 '사랑하는 내 강아지'는 앞으로도 엄마의 품속에서 예쁜 강아지 역할을 유지할 수 있게 되었다.

약속장소에 20대 후반으로 보이는 여성이 먼저 나와 기다리고 있었다. 목줄을 단 푸들 강아지 한 마리를 대동한 채 말이다. 가벼운 인사를 나누고 핸드폰을 돌려주었다. 긴말 대신 목이 잠긴 목소리로 진심 어린 감사 표현을 했다. 그러면서 꼬깃꼬깃 접은 2만 원을 내 손에 쥐어 주었다. 저녁이라도 대접하고 싶은 맘이란다. 손사래를 쳤지만, 그 맘까지 물리칠 순 없었다. 그녀는 푸들 강아지와 함께 걸어왔던 그 길을 되돌아갔다. 돌아가는 길, 얼마나 기쁘고 행복해하며 안도했을까? 어쩌면 나로 인해 그의 가족에게도 행복 바이러스가 전파되어 다른 이들에게도 그 바이러스를 전파할지도 모르겠다. 절로 미소가 난다.

난 길거리에서 뭐든 곧잘 줍는 편이다. 현금은 말할 것도 없고 지갑, 신용카드, 가방, 심지어는 목욕탕 무료쿠폰에 4등에 당첨된 로또까지도 주워봤다. 휴대폰은 오늘이 처음이다. 그렇다고 걸을 때 땅만 쳐다보며 걷지도 않는다. 남들과 차이점이 있다면 관찰력, 기억력이 좋은 듯싶다. 그래서 한번 지나온 길은 절대 까먹지 않아 해외에 나가더라도 길을 잃을 걱정은 없다. 난 아직도 지인들의 전화번호, 생일 등을 기가 막히게 외우고 있다.

그런 습관들이 있었기에 난 지금껏 좋은 사람들을 많이 주워왔고 그중 최고의 아내를 얻었다. 명백히 따지면 사랑하는 자녀들도 다리 밑에서 잘 주웠고, 난 지금까지 살아오면서 땀의 풍요로운 결실을 열심히 주워왔다. 그러면서 그 기록들을 기억하려 애썼다. 아직도 느닷없이 생일축하 전화에 기뻐하는 친구 녀석들이 있기에 난 이 좋은 습관들을 내려놓을 수가 없다. 또한 잠자리 눈레이다 가동을 멈출 수가 없다.

2만 원은 로또구입에 투자하기로 마음먹었다. 어차피 길에서 주운 행운이자 행복이니 그 운과 복을 다시 한 번 믿어볼 참이다. 뭐! 되면 좋고, 안 돼도 실망 말기!

오늘 밤 '사랑하는 내 강아지' 모녀가 나눌 대화 내용이 문득 궁금해진다.

2019년 1월 29일 화요일

After…

지금도 그때를 다시 생각하면 기분이 참 좋다.

좋은 일을 하면 내 몸 안에 보약이 쌓여 건강해지는 듯한 느낌을 준다. 오래 갈 듯싶다. 이 느낌.!

"어머니, 다시는 핸드폰 분실하시면 안 돼요"

물론 로또는 꽝 됐다. 에이! 자장면에 탕수육이나 사 먹을 것을!

불장난

누군가 내게 그랬지!
불장난 당장 그만두라고.
자칫 잘못하면 기껏 가꾸어놓은
정원이 홀라당 탄다고.

근데 말이야, 난 불장난 안 하고 있거든.
불쏘시개도 적당 것 넣었고,
장작도 탈만큼만 넣었거든.
그냥 불 때며 나를 밝히고 있는 거란 말이야.

내가 그동안 얼마나 추위와 외로움에
떨었는지 넌 알기나 하는 거니?
매서운 추위에 온몸이 얼었고
지독한 외로움에 난 화석이 돼야 했다.

겨우 성냥 하나 구해 불을 지폈다.

겨우 마른풀 한 줌 찾아내 불을 피웠다.
겨우 마른 토막 한 조각 구해 불을 옮겼다.
겨우 고사 나무 한 그루 찾아 불을 확대했다.

예쁘게 타오르는 불꽃 속에
내 맘도 타고 있고
내 사랑도 타고 있고
내 애절함도 타고 있다.

네게만 말해주는 비밀인데
불 속에 고구마도 몇 알 넣었다.
조금만 기다리면
구수하게 익어가는 냄새도 날거야

인제야 몸이 좀 풀린 것 같아.
뜨거운 열기가 예전의 감각을 살렸고
장작 타는 소리가 날 다시 깨웠다.
비상식량도 이만하면 충분하다.

근데 저 불이 언제 다시 꺼질지 두렵다.
성냥도 남은 게 없고,
불쏘시개를 다시 구하기도 어렵다.
주변엔 온통 비바람 장애물들뿐이다.

저 불이 꺼지면 비상식량도 소용없게 된다.
다시 어둠 속에서 홀로
지독한 추위와 외로움을 견뎌내야 한다.
근데도 다들 불을 끄려만 하고 있다.

주변들의 시선이 두렵고 무섭다.
불장난이라고 치부해버리는
이 현실과 상황이 원망스럽기만 하다.
나를 밝혀주는 불빛도 등을 돌릴까 걱정된다.

저들의 시선을 이겨내야 하고
위태로운 불빛을 살려내야 한다.
불씨를 꺼트리면 안 되고
뜬눈으로 저 불씨를 지켜내야 한다.

힘들더라도 조금만 힘내자.
네가 포기하면 모든 게 끝이 난다.
땔감 거리를 좀 더 찾아보자.
비바람을 막을 뭔가를 구해보자

나를 비춰주는 저 불빛이
희미해져 간다는 걸 느끼는 순간
나를 바라보지 않는다는 걸 아는 순간

어쩌면 난 먼저 그 불장난을 멈출지도 모르겠다.

불을 때려 하는 노력이 그 순간
불장난의 이름으로 전락하고
난 이름 없는 방랑자가 되어
기약 없는 여행을 떠나겠지.

사실 그날이 올까 너무 두려운데
조금씩 주변을 의식하고 방해받는 불꽃이
안쓰럽게만 보이는 이 밤!
난 널 어떻게 해주면 좋은 걸까?

2019년 3월 20일 수요일

정체불명!

딸 녀석이 며칠 전 하교해서는 '도대체 아빠 직업을 물어보면 뭐라 답해야 해요?'라며 볼멘소리로 다짜고짜 물었다. 학기 초라 선생님과 면담 시나, 친구 집에서 부모님이 물어볼 시 늘 대답을 주저주저한단다. 난 대답을 이렇게 해주었다.

"네가 말하고 싶은 거로 해. 아니면 아빠가 이런 직업을 선택했으면 하는 걸로 말하던지!"

나도 내가 무슨 일을 하고 있는지 모르겠다. 월세로 수익을 일부 발생시키고 있으니 임대업이라 해야 하나? 전에 하던 매장도 일부 병행해서 하고 있으니 자영업이라 해야 하나? 아니면 지금 주로 일을 하고 있는 알바생이라 해야 하나? 그런데 오늘 내 직업군이 하나 더 늘어났다! 딸의 고민이 추가된 것이다.

3주 전 은평구청 홈페이지에서 지역신문 주민 참여 기자를 모집한다는 공고를 보고 덜컥 지원했었다. 기자 생활이 궁금했고 한번 활동해보고 싶은 맘도 컸다. 서류심사가 있었는데 은평 관련 기사를 한 편 작성하는 거였다. 평소 관심 분야를 열심히 기사화해서 보냈고 난 당당히 합격했다.

오늘 오전 구청에서 위촉식을 하고 위촉장도 받았다. 살다 살다 팔자에도 없는 기자 생활을 하게 생겼다. 평소 글쓰기를 좋아했고 또한 관심 가지고 매진한 결과 영광의 순간을 맞이한 것이다. 물론 2년간 활동 후 평가하여 해촉당할 수도 있다. 활동비 및 원고료는 손에 잡히지도 않는 조건이다. 그래도 뿌듯하고 기쁜 이 날을 어찌 지나칠 수 있겠는가?

유대인 속담에 '펜은 칼보다 강하다'라는 말이 있다.

1945년 9월 2일 미주리호 함상에서 조인된 일본의 항복 서명도 곧바로 2차 세계대전의 종식을 가져왔다. 기자는 그 어떠한 권력과 집단과 종교와도 결탁해서는 안 되며 오로지 펜 끝으로 사실만을 알리고 정보를 제공해야 한다. 앞으로 내가 쓰는 모든 기사는 '기사도 정신'이 발현된 정의의 기사가 될 것이다.

운동화 한 켤레를 마련해야겠다. 은평구 곳곳을 걸어 다니며 숨은 미담과 어려운 이웃을 발굴하고, 묻혀있는 아름다움도 붓으로 털어내어 전시해야겠다. 또한 내가 살고 있는 은평구가 얼마나 살기 좋고 아름다운 곳인지 안내 길잡이가 돼야겠다.

공정하고 참신한 기사, 소박하고 정겨운 기사로 주민들에게 '기레기' 소리가 아닌 서 기자 소리를 떳떳하게 듣고 싶다.

난 오늘도 달린다.

평일엔 직장의 알바 기사로,

주말엔 지역 신문의 기자로.

이 글들이 쌓여 쌓이면 어쩌면 제5의 직업이 생길 날도 얼마 안 남았겠지?

난 요새 유행하는 신조어로 '엔잡러'가 되었다.

직업이 많은 것도 결코 나쁘지 않은 듯싶다. 그만큼 내가 살아 있다는 신호가 아닐까?

목에 걸린 기자증이 유독 빛이 난다.

2019년 3월 27일 수요일

After…

이 글들이 모여 계획대로 시중에 출판되었다면 난 5번째 직업을 가진 것이다.

이러다 정말 다직업자로 기네스북에 오르는 거 아녀?

그러면 5가지 중 내가 제일 맘에 들어 하는 직업은 뭘까?

나만이 알고 있는 비밀!

맞춰 보실래요?

6. 아가의 변명

아직도 할머니는 40살이 넘은 큰손자를 '아가'라 부르셨습니다. 그리고 끊임없이 제게 물어보셨습니다. 서울대학교 암 병동 병실에서 백혈병으로 치료받으시면서도 당신이 얼마나 중한 병에 걸리셨는지 인지하지 못하셨습니다. 어쩌면 당신의 상태를 같은 병실에 있는 중환자들이 어느 날 소리소문없이 사라지는 걸 보시며 본인의 운명과 대입하려 들지 않으셨는지도 모르겠습니다. 그럴 때마다 저는 별거 아니듯 대수롭지 않게 대답을 드리며 나을 거라는 최면을 수시로 저 자신에게 걸었습니다.

원망

어제오늘이 있기에 내일이 있다마는
난 내일이 오는 게 두렵고 원망스럽소.
내일이 오면 우리 부모 떠나실 날 다가오니
시간아 오늘로 멈춰 세월을 붙들어 매다오.

자식 낳은 죄로 양육에 의무가 있다지만
난 내가 자식으로 태어난 게 원망스럽소.
우리 부모 담 생엔 내 자식으로 태어나서
평생 속죄, 평생 효도 할 수 있게 해다오.

부모라는 이유로 많은 것을 원하고 바랬지만
부모이기 이전에 자식답지 못했던 내가 원망스럽소.
남은 삶 자식 걱정 가족 걱정 잊으시고
자식 덕으로 편히 보낼 수 있게 기회를 다오.

젊은 시절 앞만 보며 희생으로 일만 하시다

병든 육체만 남은 이 현실이 원망스럽소.
내 연골, 척수, 관절을 떼 드릴 수만 있다면
백번 천번이라도 떼 드려 세상을 호령하던 우리 부모 다시 보고 싶소.

자식을 위해 자식 잘되라 모든 걸 바쳤건만
귀찮아하며 반항했었던 나 자신이 원망스럽소.
세월을 되돌려 그 시절로 돌아갈 수만 있다면
부모 말씀 가슴에 새겨 평생 배우면서 살 거요.

우리 부모 병든 부모 늙으신 부모
누가 당신을 이렇게 만들었소.
가엾고 불쌍한 우리 부모 못난 자식
이제야 깨닫고 통곡의 눈물을 흘리오.

"낳으실 제 괴로움 참아내시고
살아실 제 밤낮으로 애쓰는 마음
진자리 마른자리 갈아 뉘시며
온몸이 다 닳도록 고생하시네
하늘 아래 그 무엇이 높다 하리오
부모님의 인생은 가이 없어라."

부모님 사랑합니다.

부모님 존경합니다.

부모님 감사합니다.

그리고 부모님 죄송했습니다.

2014년 1월 31일 금요일

After…

전 아직도 부모님께 습관처럼 전화 드리고,

일상처럼 명절을 보내며,

기계처럼 투정을 부립니다.

제가 잘 하고 있는 건지 잘 모르겠습니다.

남은 이들에게 남긴다

세상에 태어나 한번은 반드시 찾아오는 죽음이건만 그 운명 같은 죽음을 전 거부하고 싶었습니다. 신이 있다면 시간을 되돌려 잘못된 부분으로 돌아가 그 흔적을 지우고 다시 한번 살게 해 달라 빌고 싶었습니다. 하지만 신은 저의 기도를 들어주지 않았습니다. 정말 억울합니다.

전 정말 누구보다도 열심히 살았습니다. 일제 강점기에 태어나 서러운 어린 시절을 보내야 했으며, 10대 때에는 일제의 강제동원을 피하기 위해 숨죽여 지내야 했습니다. 그러다 이웃 친척으로부터 건장한 한 사내를 소개받았고 그와 18살에 결혼을 했습니다. 6·25 전쟁통에 첫째 아이를 낳았고, 피난 다니며 수차례 죽을 고비도 넘겼습니다.

부모님이 선택하신 신랑은 전 재산을 탕진한 몰락한 가문의 외동아들이었습니다. 가부장적인 남편은 책임감은 강했으나 워낙 자기주관이 강해 매번 화를 참지 못하고 어디든 풀어야 하는 성격이었습니다. 때론 매질도 당하고 거친 욕설도 들어야 했으며, 성에 차지 않을 경우엔 몇 번이고 밥상을 물려야 했습니다.

보릿고개에는 개죽을 쑤어 먹으며 자식들을 길러냈고, 남의 전답을 빌려 주야로 개미처럼 일하며 내 땅을 늘려갔습니다. 과수원의 과일이 영글면 새벽 4시쯤 산에 올라가 과일을 땄고 시골 오일장, 벌교장, 역전장 등 장터마다 돌아다니며 세 광주리 네 광주리씩 팔았습니다. 그리곤 밤늦게 돌아와 남편과 자식들의 식사를 책임졌습니다. 과일이 나지 않는 계절엔 열심히 밭에서 키운 각종 채소를 뜯어다 장터에 팔았으며, 논농사에 밭농사에 과수원 농사에. 가축 기르랴, 품앗이하랴. 내 젊은 시절은 오로지 일! 일뿐이었습니다.

늙으신 홀어머니를 집에서 모셨는데 자존심 강하신 허리 굽은 어머니와 불같은 남편의 성격은 매번 부딪치기 일쑤였습니다. 그럴 때마다 중간에서 얼마나 많은 눈물을 흘렸는지도 모릅니다. 어머니가 치매가 오면서부터는 남편과 함께 엄마를 구박하기 시작했고, 육신과 마음에 상처를 받으신 어머니는 평생을 그렇게 사시다 저세상으로 떠나가셨습니다.

불쌍한 우리 엄마!

급기야 대소변을 가리지 못할 땐 미워서 식사도 챙겨주지 않을 때도 많았습니다. "이렇게 살 바엔 그냥 같이 죽어요"라며 차마 입에 담지 못할 말도 많이 했습니다. 난 그렇게 떠나보내야 했던 엄마를 떠올리며 오늘날까지 평생을 죄인처럼 불효자가 되어 눈물만 흘리고 살아왔습니다.

자식은 5남 3녀를 낳았습니다. 그중 둘째 딸과 셋째 딸을 약 한 번 써보지 못하고 어린 나이에 허망하게 저세상으로 떠나보내야 했습니다. 두 딸은 내 품속에서 잠을 자듯 생을 마감했습니다. 운명의 신은 너무나 가혹했습니다. 예쁜 옷도 입혀보고 싶었고 맛있는 쌀밥도 먹여보고 싶었는데, 이렇게 일찍 보낸 게 엄마가 죄가 많아 그랬다며 늘 자책을 하며 살아왔습니다. 삶이 죽도록 힘들 땐 남편 몰래 아이 무덤에 가서 맺힌 한을 풀곤 했습니다.

1년에 10번도 넘는 제사를 책임져야 했습니다. 제삿날엔 놋쇠제기 그릇을 온종일 짚으로 닦으며 광을 내야 했습니다. 아궁이에 군불 때며, 곤로에 나물 무치며, 제사상을 밤새도록 차렸습니다. 명절엔 일주일 전부터 차례 음식을 준비하기 시작했고, 여러 친척과 나눌 명절선물도 마련하였습니다. 우리 남편과 자식들 건강하고 잘 되게 해 달라 조상님을 지극정성으로 모셨습니다.

공부에 대한 평생의 한을 풀고자 자식의 교육을 위해선 빚을 지고서라도 가르치고 배우게 했습니다. 이 모든 고생은 자식들이 공부하고 있는 모습만 바라봐도 절로 피곤이 풀렸으며, 몸이 힘들고 지쳐도 나중에 충분히 자식들이 성공해서 보상받을 거로 위안 삼으며 버텨냈습니다.

그러나 세상은 내 뜻대로 되지 않았습니다. 아픈 손가락의 자식들이 생겨나기 시작했습니다. 내 아픔은 참고 견뎌낼 수 있었으나 자식들이 아픔을 겪는 건 도저히 이겨낼 수 없었습니다. 그때부터 내 마음속엔 병이 찾아오기 시작했습니다. 또한 버틸 대로 버텨주던 무릎과 허리가 말을 듣지 않았습니다. 밤이면 밤마다 무릎 통증 허리 통증에 잠을 못 이루는 육체적 고통도 동시에 찾아왔습니다.

그 통증을 해소하고자 70대 중반 허리 수술을 감행했으나 의료 사고로 인해 내 몸은 더더욱 악화일로에 이르게 되었습니다. 기를 쓰고 악을 쓰며 회복하고자 노력해보았지만 내 몸은 이미 고장 나버린 후였고, 명절 때마다 자식들 손 붙잡고 찾아간 엄마 무덤 앞에서 이런 병든 내 몸을 내동댕이친 채 억울함에 얼마나 펑펑 눈물을 흘렸는지 모릅니다.

난…

화장하는 것도 좋아하고, 예쁜 옷 입는 것도 좋아하고, 전국 각지로 여행 다니는 것도 좋아하고, 사람들을 만나 대화하는 것도 좋아하는 여자입니다. 유일한 혈육이었던 30분 거리의 조루굴 언니 집에 미나리 작업하러 갈 때면 그리 행복할 수가 없었습니다. 언니와 같이 일을 하다 늦게라도 일이 끝날 때쯤엔 거기서 언니와 하룻밤을 얼마나 함께 보내고 싶었는지 모릅니다. 그러나 전단 한 번도 그럴 수 없었습니다. 남편은 내가 하룻밤이라도 집을 비우는 걸 원하지 않았습니다. 하나뿐인 언니가 너무나 의지가 됐었는데 그런 언니와 같이 하룻밤을 자며 수다도 떨고, 맛있는 것도 해 먹고 싶었고, 꽃구경도 같이 가보고 싶었는데 평생 한 번도 못 해보고 떠나 너무나 슬프기만 합니다.

사실 큰손자가 몇 해 전 마지막 여행이 될 수 있다며 남편과 큰아들과 큰딸과 함께 다녀오라고 제주도 여행 티켓을 끊어 주었습니다. 정말 다녀오고 싶었습니다. 그런데 다들 성치 못한 내 몸을 이유로 여행에 부정적이었고 우려를 드러냈습니다. 집을 비우기 싫어하는 남편의 눈치와 고집도 있어 나도 그래서 안 간다고 했습니다. 정말 가고 싶었던 제주도 여행이었는데. 내 평생 여행 가본 기억이 세 번도 안 되는데. 큰손자 말이 현실이 되어 버렸습니다.

왜 진즉 내 몸 성할 때 가보지 못하고 평생 일만 했는지 지금 생각하면 후회가 막심합니다. 남편이 호기 부리며 값비싼 전자제품을 사들일 때마다 그 돈으로 왜 언니 식구랑 울 애들이랑 여행 한 번 가자고 말 못 했었는지 나 자신이 밉기만 합니다. 다들 성대하게 환갑잔치, 칠순 잔치, 팔순 잔치 등을 치를 때도 내 잔치는 늘 소박하게 끝냈습니다. 남편 생일 때마다 크고 화려하게 할 때, 자식들을 향해 나도 마을 사람들에게 음식도 베풀고 잔치 한 번 크게 한번 해보고 싶다고 말 못 했었는지 후회스럽기만 합니다. 그때는 정말 자식들 돈 들어갈 걱정이 앞서 도저히 말할 수가 없었습니다.

이런 모든 아쉬움과 원망과 미련을 풀지도 못하고 절망감속에 난 떠나갑니다.

나 000은 이렇게 바보같이 떠나갑니다.

평생을 남편과 자식들만 보고 살았습니다.

그 삶 속에 난 모든 걸 포기하고 살았습니다.

억울합니다.

그렇지만.

이제 모든 걸 받아들이려 합니다. 내가 이렇게 원망을 가지고 떠나면 혹여 우리 자식들, 손주들, 홀로 남은 남편에게 해가 될지 모르겠다고 생각했기 때문입니다.

거칠었던 남편도 노년엔 그 누구보다도 따뜻한 남편이었습니다. 이제 홀로 남은 남편이 걱정됩니다. 또 불쌍합니다. 외로움을 죽음보다도 싫어하는 사람인데 어찌 견뎌낼지. 이 사람은 젊었을 적부터 잠시라도 내가 떨어져 있으면 싫어했던 사람이었고 지금껏 나만 보고 살아왔습니다.

이젠 담담하게 내게 주어진 운명을 받아들이며 가고자 합니다. 저세상에 가서 효도 한번 못 받아보시고 떠난 울 엄마, 그리고 사랑 한번 못 받고 떠난 내 이쁜 두 딸 만나서 효도도 제대로 해드리고 사랑도 듬뿍 주려 합니다.

너무 슬퍼 말았으면 합니다. 눈에 밟히는 자식들이 몇 있지만, 이 엄마가 저세상에서 살아생전 그랬던 것처럼 정화수 올려놓고 아침저녁으로 기도할 겁니다. 그리고 모두가 나처럼 아프지 말고 남편, 자식들, 손주들에게 주어질 액운이 있다면 내 죽음으로 대신해서 모두 가져가고자 합니다.

사랑하는 우리 자식들!

홀로 남으신 아버지 잘 챙기고 돌봐주길 부탁한다. 그리고 형제들 자녀들 간에 화목하고, 건강 유념하고, 항상 행복하게 살기 바란다. 그러다 먼 훗날 시간이 되면 저세상에서 엄마와 자녀들로 다시 만나자꾸나! 그때는 우리 가족 손 잡고 생전에 못 해본 여행도 실컷 다니며 맛있는 것도 사 먹고 즐겁게 살자꾸나! 일만 하고 고생만 하는 그런 엄마가 아닌 멋진 엄마로 다시 태어날게!

마지막에 혼자 엄마 병간호하느라 이리저리 애쓴 우리 큰아들 정말 사랑하고 고마웠다. 첫째 역할, 장남 역할 넌 충분하고도 남았다. 우리 둘째, 힘들 텐데도 끝까지 내색하지 않고 엄마 지켜주어 고마웠다. 힘내라~ 그리고 셋째야, 너 군대 제대 후 고생할 때 아무것도 못 해주어 지금도 미안하구나! 사랑하는 우리 효자 넷째야, 엄마의 손과 발이 되어준 넌 최고의 아들이었다. 그리고 마지막으로 이쁜 막내야, 넌 강인해서 뭐든지 잘 해낼 거야, 엄마가 기도할게.

내 남편 ooo 씨! 이제 고집 그만 좀 부리시고, 애들 말 좀 잘 들으시고, 농사일도 그만하시고 남은 삶 편히 좀 사세요.

마지막으로 내 영원한 아픈 손가락 우리 딸! 엄마가 미안했다. 사랑했다. 평생을 네게 고생만 안겨주고 가는구나! 엄마처럼 아프지 말고 건강해라. 그리고 옥황상제께 빌어서라도 꼭 좋은 소식 안기게 하마!

인제 그만 쉬렵니다.

고단했던 인생 이제 접으려고 합니다.

모두 슬퍼 말고 다음 세상에서 다시 만날 때까지

행복하고 건강하고.

여러분 정말 사랑했습니다.

안녕.

2016년 4월 19일 화요일

After…

윗글은 할머니가 돌아가신 그날 밤 할머니가 된 심정으로 큰손자인 제가 쓴 글입니다. 평소에 전 할머니의 외로움을 덜어드리기 위해 할머니와 대화 나누는 걸 즐겼습니다. 그동안 들었던 내용을 토대로 저의 느낌을 살려 쓴 글임을 밝힙니다.

그렇게 이 글은 할머니의 마지막 글이 되었습니다.

후회

후회와 미련 없는 인생이 어디 있겠냐 만은
아쉬움과 안타까움으로 얼룩진 과거를 보며
늘 자식들은 부모가 눈을 감고서야 참회의
눈물을 흘리며 용서를 비네.

내 부모 살아실 제 섬기기 다하여라 는 고시를 보며
다시 한번 부모께 효도하고자 다짐하건만
그때뿐인 공허한 기억은 쉬이 잊혀가고
부모는 어느새 먼발치로 점점 멀어져 가시네.

부모가 원하시는 최고의 효도는
얼굴과 목소리를 자주 보여드리는 것뿐.
금은보화도 산해진미도 소용없다는 걸
왜 항상 떠나고 나서야 후회하는가.

남겨진 유품들을 붙잡고 부모님의 흔적을

찾아보지만 금세 연기가 되어 사라지네.
세월의 흔적들은 30분 만에 재가 되어
한 움큼 유골로 변하신 부모와 함께 눈물로 떠나보내네.

수 만겁의 인연 중 부모자식의 인연으로 만나
80 평생 희생만 하시다 돌아가시면
남은 자식들은 저세상에서
이 많은 은혜와 죄송함을 어찌 다 갚을꼬.

후회와 탄식만이 자리 잡은 텅 빈 이맘을
눈물로 어찌 다시 채우려나.
울고 울고 울어봐도, 힘차게 목청껏 불러봐도
대답 없는 그 자리엔 슬픔과 후회만이 남아있네.

2016년 4월 21일 목요일

After…

디시는 떠올리고 싶지 않습니다. 장례 후 할머니의 옷, 일상품, 물건들을 태울 때 전 나 자신을 태우는 것만큼 뜨거움에 몸부림쳐야 했습니다. 지금은 할머니 것이 하나도 남아 있지 않습니다. 제가 그때 하나쯤은 숨겨놨어야 했습니다. 바보같이 지켜만 봤습니다. 뭐하나 그립지 않은 것이 없습니다.

때론 일상이 너무 잔인할 때가 있다

잔인했던 4월이 지나가고 가정의 달인 5월이 찾아왔습니다. 저마다들 나들이에, 문화공연에, 맛집 방문에 가족과 함께 행복한 시간을 보내네요. 오늘은 5월 5일 어린이날! 저도 매장업무 종료 후 와이프와 애들 데리고 저녁 식사를 계획하고 있습니다.

제겐 지난 3주가 격동의 시간이었습니다. 잠이 안 오고, 밥맛이 없고, 무기력하고, 1초라도 평온한 시간이 없었던 것 같습니다. 몸은 매장에서 상품 판매에 집중하고 미소로 고객을 응대하고 있지만, 머릿속엔 항상 돌아가신 할머니가 자리 잡고 있었습니다. 올해를 끝으로 매장을 접고 쉬며 미래를 준비해야 하는 고달픈 걱정거리도 할머니만 생각하면 눈물부터 쏟아져 아무것도 생각이 나지 않았습니다.

홀로 계신 할아버지가 걱정되어 날마다 전화를 드리며 마치 아무 일이 없었다는 듯 태연한 안부를 여쭤봅니다. 그때마다 목이 잠기는 건 어쩔 수가 없습니다. 귀가 어두우셔서 전화 목소리 구분을 잘못하시는 할아버지께 일부러 놀려 대려 동생 이름을 대고 동생 행세도 해봅니다. 한바탕 웃음을 유발하려 갖은 노력을 다하지만,

쉬이 할아버지의 기력은 돌아오지 않습니다. 당장이라도 수화기 너머에서 '아가' 하시며 반갑게 할머니가 저를 맞이해 주실 듯합니다. 하지만 바꿔 달라고 할 존재가 없어 허전한 기분 달랠 길 없습니다. 이 상황이 인정 안 될 뿐입니다. 불과 지난달까지만 해도 전화를 돌려가며 조부모님과 일상적인 통화를 나누었었습니다.

아직도 실감이 나지 않습니다. 아마도 할머니는 지금쯤 시골 툇마루에 앉아 피어나는 봄꽃의 운치도 느끼실 테고, 똥만 싸대는 견공에 시원한 욕을 하고 계실 겁니다. 또한 혹여나 자식 손자가 오지 않나 하시며 대문에서 눈을 떼지 않을 것이며, 들에 나가신 영감님을 기다리고 계실 겁니다. 이번 추석에 내려가면 무릎을 기시며 문을 밀치고 마루로 나오셔서 다 빠진 치아를 드러내시며 반갑게 저를 맞이해주실 듯합니다.

꼭 그럴 것만 같습니다. 아니 할머니가 옆에 아직 살아 계신 듯합니다. 삶에 대한 애착과 살고자 하는 정신력이 무척 강하신 분이셨기에 지난 4월 19일은 단지 꿈속에서 악몽을 꾸었다 생각됩니다. 현실을 오롯이 받아들이고 싶지 않을 따름입니다.

3일 후 어버이날이 지나가고, 할머니 생신일과 추석도 지나고 나면 올해가 마무리되겠지요. 늘 그렇듯 아무 일 없었다는 듯이 시간은 흐르고 모두의 기억 속에서 자연스레 잊혀 지겠지요. 또 다른 애경사들을 접하며 이날들을 회상하기 전까지요.

남들은 이제 잊으라 합니다. 맘속에서 떠나보내라 합니다. 이제 어차피 가실 분이었다 합니다. 아닙니다. 저는 아닙니다. 할머니는 제게 어머니 이상의 존재이셨고 제 삶의 일부이셨습니다. 그래서 아직 못 떠나 보내드리고 있습니다. 매번 똑같은 일상들이 너무나 잔인하고 아무렇지 않게 흐르는 바깥 풍경들이 원망스럽습니다. 개그 프로를 봐도 눈물이 나고 흥겨운 댄스음악을 들어도 슬프게만 들립니다.

더 자주 찾아뵙지 못하고 자주 전화 드리지 못했던 지난날들을 몸서리치게 후회합니다. 떠나가신 할머니를 언제까지나 잊지 않고 맘속에서 기리고자 합니다. 생전에 당신이 그리도 외로워하셔서 자식들과 대화 나누는 걸 좋아하셨던 만큼, 머릿속에서라도 할머니와 자주 대화하고 안부를 여쭙고 싶습니다. 그러면 아마도 저세상에서 열심히 살고 정직하게 노력하는 후손들을 위해 할머니께서 끝까지 지켜 주시리라 믿습니다. 생전에 무릎연골과 척추가 닳도록 일하셔서 자식들에게 모든 걸 주셨듯 말이죠.

눈물을 닦으며 저는 또 열심히 살아갈 궁리를 해야겠습니다. 할머니도 이렇게 피폐해진 저를 꾸짖으실 겁니다. 저만의 방식으로 할머니를 그리워하고, 추모하며 떠나보낼 준비를 해야겠습니다. 그러다 보면 잔인한 일상들도 언젠간 다시 평온을 되찾겠지요. 영원히 기억하겠습니다. 할머니 사랑했습니다. 편히 쉬세요!

2016년 5월 5일 목요일

After…

머잖아 할머니 3주기가 돌아온다.

상처는 이미 아문지 오래고 그리움도 먼지 쌓인 앨범 속에 꽂아 두었다. 어제 핸드폰을 뒤지다 할머니가 마지막 병실에 계실 때 촬영한 동영상을 발견했다. 눈물 대신 미소가 먼저 지어지는 걸 보니, 할머니는 분명 돌아가시지 않고 내 마음속에서 아직 살아계신 듯싶었다.

아가의 변명

"아가! 못 고치는 병이라 안 글재? 나도 후재 저 사람들처럼 머리카락 다 빠지고 그랄까? 느그 아부지한테 물어봐도 통 말을 안 해 준다. 왜 근가 모르겄네잉!"

"안 그래요. 할무니! 이 주사 잘 맞고 약 잘 드시고 정신 바짝 차리시면 한 달 정도만 계시면 퇴원하신대요"

"근다냐? 아이고 머리야, 나 잘란다."

아직도 할머니는 40살이 넘은 큰 손주를 '아가'라 부르셨습니다. 그리고 끊임없이 제게 물어보셨습니다. 서울대학교 암 병동 병실에서 백혈병으로 치료받으시면서도 당신이 얼마나 중한 병에 걸리셨는지 인지하지 못하셨습니다. 어쩌면 당신의 상태를 같은 병실에 있는 중환자들이 어느 날 소리소문없이 사라지는 걸 보시며 본인의 운명과 대입하려 들지 않으셨는지도 모르겠습니다. 그럴 때마다 저는 별거 아니듯 대수롭지 않게 대답을 드리며 나을 거라는 최면을 수시로 저 자신에게 걸었습니다.

누구보다도 아픈 주사를 잘 견뎌 내셨습니다. 또한 쓴 약도 사탕 삼키시듯 잘 넘기셨습니다. 아직 당신은 이승에서 하실 일이 많으셨습니다. 홀로 들에 나가 일하실 시골 할아버지 식사도 챙겨드려야 하고, 투정도 받아줘야 하며, 손에 아픈 자식들도 챙겨야 하셨습니다. 내려앉아 버린 척추와 연골이 닳아버린 무릎뼈로도 충분히 본인 역할을 해내고 싶으셨습니다. 그래서 아무도 백혈병이라는 병명을, 그리고 그 병의 심각함을 입 밖으로 꺼낼 수 없었습니다. 의료진을 포함해서 모두가 입을 맞추고 있었습니다.

저 또한 처음엔 의사의 진단을 믿지 않았습니다. 누구보다도 강인하셨던 분이셨기에 분명 완쾌하시리라 믿었습니다. 중간중간 통원과 입원 치료를 반복하시고 병을 꿋꿋이 이겨내시는 모습을 보며 이제 다 낫은 병이라 치부했습니다. 사실 잘근잘근 씹혀진 체력과 손만 대도 부서질 듯한 뼈들로 당신 몸을 지탱해내는 것도 기적이었습니다. 그러나 우리는 백혈병을 너무나 얕잡아 보았습니다. 시간이 지날수록 할머니를 향한 걱정과 관심은 시들어가기 시작했습니다. 당장 내가 먹고살 거리가 더 걱정인 무게의 추로 기울기 시작했습니다.

이런 안일했던 대응에 우리 자손들은 할머니를 더 빨리 떠나보내야 했습니다. 어쩌면 병원치료로 충분히 더 연명하실 수 있었던 삶의 시계를 할머니의 퇴원 고집과 자식들의 선부른 판단에 멈춰 서게 해야 했습니다. 결국 퇴원하신 지 2일 만에 병이 재발하여 다시 병원으로 오시자마자 그날 정오쯤 돌아가시고 말았습니다.

내일로 돌아가신 지 딱 1년이 됩니다.

제 일상은 이전과 다름없이 지난 1년 전에 무슨 일이라도 있었냐는 듯 평화롭게 돌아가고 있습니다. 시골에 전화를 드리면 "아가, 잘 있었냐? 별일 없재? 새끼들 항상 잘 챙기고 늘 건강 챙겨야 쓴다 잉" 하시며 할머니가 전화를 받아주실 듯합니다.

몸 안에 깊게 팬 상처는 어느덧 아물었고 눈물샘도 메말랐으며 기억 속 그리움의 장치는 작동을 1년 만에 멈추었습니다. 홀로 남으신 할아버지는 삶의 기력을 잃으시고 인생의 종착역을 향해 달려가고 계신 듯 늘 전화 목소리에 힘이 없으십니다. 애써 슬픔을 감추려 농담도 해드리고 화젯거리도 바꿔보지만, 평생의 반쪽을 떠나보낸 할아버지는 그 어떤 위로도 도움이 되지 않습니다. 이제 남은 할아버지가 정말 걱정입니다.

작년 이맘때쯤 비가 내리며 산천에 흐드러지게 핀 꽃들이 꽃비가 되어 떨어지기 시작했습니다. 오늘도 온종일 봄비가 내렸습니다. 아직 아름다운 자태를 뽐내고 있어야 할 벚꽃들을 시샘하듯 비바람이 꽃잎들을 흔들어댔고, 떨어진 꽃잎들이 쌓여 거리마다 꽃길이 되었습니다. 마치 할머니가 떠나시며 우리 자손들의 앞길에 꽃길을 놓아 주시려는 듯 말이죠.

이젠 진정 떠나 보내드려야 할 것 같습니다.

며칠 전 할머니가 돌아가시고 처음으로 제 꿈속에 나타나셨습니다. 제가 매장을 그만두고 쉬고 있다는 걸 아시곤 그것조차 걱정에 기우셔서 제게 봉투를 내미시더군요. 끝까지 고사하면서 할머니 쓰시라고 전 받지를 않았습니다. 가시는 순간까지 모든 걸 내주셨던 분이 꿈속에서조차 자손들을 위해 하나라도 더 주시려고 애쓰시는 모습에 눈물이 왈칵 쏟아졌습니다. 할머니 손 붙들고 깨어나지 않으려 몸부림쳤지만, 어느 순간 몹쓸 눈이 다시 떠지더군요.

허망했습니다.

지금쯤 할머니는 고통 없는 세상에서 천수를 누리고 계시겠지요. 본인의 고단했던 삶은 다 잊어버리시고 청실홍실 노래를 부르고 계시겠지요. 건강하신 몸으로 두 분의 아기 고모와 함께 좋아하시는 꽃구경도 실컷 다니고 계시겠지요.

죽는 날까지 잊지 않고 살아가겠습니다.

할아버지 잘 모시겠습니다.

할머니 사랑합니다.

2017년 4월 18일 화요일

After…

그땐 변명하고 거짓을 고할 수밖에 없었습니다.

그러면 완쾌하실 줄 알았습니다.

죄송합니다. 할머니!

편히 쉬세요!

사부곡●

이렇게 원통하게 떠나시려 여름내 38도 뙤약볕 아래서 대푸럭 밭을 일구셨는지요? 이렇게 비참하게 떠나시려 마지막 호스피스 병원을 박차고 고향 땅으로 오셨는지요? 이렇게 매몰차게 떠나시려 그간 자식들이 드린 용돈들을 모두 모아 다시 자식들에게 남기셨는지요?

당신은 자식들 입으로 들어갈 행복에 한여름 뙤약볕 아래에서도 밭을 일구셨고, 지난 주말 극심한 고통을 참으시며 자식들이 고구마 캐는 걸 흐뭇하게 곁에서 지켜보셨습니다.

백수를 바라보고 자식들에게 호강 받으시며 인생의 끝자락을 아름답게 보내셔야 할 마지막 순간까지도 오로지 자식 걱정, 일 걱정이셨습니다.

먼저 가신 할머니가 보고 싶어 지난 18개월을 외로움에 몸서리치셨고, 그 외로움을 잊고자 이토록 당신 몸을 혹사하셨습니다. 당신 몸이 썩어 가루가 되도록 육신을 내동댕이치시며 본인에게 강한 채찍질을 가하셨습니다. 나무 밑동이 위태로이 드러나 있던 고목은 그렇게 스스로 무너져 내렸습니다.

일제강점기 몰락한 양반가 첩실 부인의 외동아들로 태어나 눈칫밥에, 서러움에 소·청년기를 보내셨습니다. 해방 2년 전엔 함경도 원산에 강제로 끌려가 부두 건설에 동원되어야 했습니다. 해방 후 자식들에게만은 가난을 물려주기 싫으셔서 두 부부는 잠도 안 주무시며 악착같이 전답을 늘리셨죠. 특히 목수 일에 손재주가 있어 고흥, 보성, 여수, 목포 가릴 것 없이 돈 되는 곳이라면 어디든 찾아가서 돈을 벌었습니다.

시골 깡촌에서 당시 한집에서 대학생 한 명 만들면 성공으로 치부하던 시절 당신은 자식 넷을 대학에 보내셨죠. 입버릇처럼 좋은 대학 들어가고 좋은 직장 들어가면 마을 사람들에게 돼지 한 마리 잡으신다고 하셨는데 저희는 끝내 그 조그마한 소원조차 들어드리지 못했습니다. 마을회관에서 누구네 아들이 잔칫상을 마련했다 한 것만큼 부모의 기를 살려드리는 것도 없었습니다. 조부모님은 늘 그런 기대를 가지고 살아오셨습니다.

자식들 공부 가르치면서 그 덕에 평생 일구신 전답 모두 잡히시고 평생을 과수원에, 목수 일에, 농사일에 험한 일을 마다하지 않으시며 소처럼 일만 하시다 질긴 이승의 인연을 마감해버리셨네요.

그래도 세상을 호령하시며 사나이 기백과 젊은 호기로 천하를 누리시고 범접할 수 없는 카리스마로 당신 세상을 사셨습니다. 판소리에 일가견이 있으셔서 남도 판소리 명창 대회에 출연하시며 이름을 알리셨고 점차 여러 단체에서 섭외 문의도 많이 받았습니다. 할아버지가 가장 잘 부르셨던 판소리 '사철가'는 지금도 제 귀에 맴돕니다. 북과 채를 잡으시고 한 곡조 뽑으시던 모습이 생생합니다. 할아버지는 마을 대소사도 항상 주관하실 정도로 리더력이 풍부하셨습니다. 그렇게 세상사 인생사 판소리 한 자락에 여흥을 즐기시고 늙으신 할머니와 평생 함께하실 줄 알았습니다.

지난주 이틀 밤을 할아버지와 지내며 저는 운명의 끝을 보았습니다. 아니 예감했습니다. 극심한 고통 속에서도 아무것도 해드릴 수 없었던 저의 무력함에 삶의 끝자락으로 자꾸만 걸어가시는 할아버지의 손을 한사코 붙잡고만 있을 수 없었습니다. 전화드릴 때마다 저의 목소리를 듣고, 큰손자냐 하시며 밝은 웃음을 지으시던 할아버지가 어느 순간부터는 저의 목소리를 기억 못 하시고 계셨기 때문입니다. 제가 서울로 돌아온 후 이틀 만에 그렇게 돌아가셨습니다.

그 고통을 잊으시려 훌쩍 할머니 곁으로 떠나가 버리신 할아버지! 10년 전과 작년에 제가 할머니 할아버지 모시고 살아생전 여행을 가고 싶어 제주도 여행 티켓을 선물 드린 적이 있었지요. 그때 할아버지 고집을 이기지 못하고 그 좋아하시던 여행을 못 모셔 드린 게 후회스럽고 원망스럽기만 합니다. 또한 큰 손자 집에서 노년을 보내시겠다며 호기롭게 말씀하실 때 왜 못 모셔갔는지 땅을 치고 후회합니다.

할아버지!

이제 저희 자식들은 어떻게 살아야 하는지요?

할아버지 할머니 안 계시는 시골집의 공허함과 쓸쓸함을 어찌 달래야 하는지요? 할아버지의 땀이 서려 있는 과수원과 대푸럭 논을 어떻게 밟아야 하는지요? 저희에겐 태양이셨던 그 따뜻한 할아버지의 기운을 이제 어디서 받아야 하는지요?

평생을 남루한 작업복에 일만 하시다 가신 할아버지!

부디 저세상에서는 먼저 가신 할머니와 두 분의 아기 고모 껴안고, 일없는 세상에서 평생 좋아하시던 판소리 부르시며 극락왕생 하소서!

저희 자손들 할아버지 남은 유지 받들어 가정에 화목하고, 형제간에 서로 우애가 깊게 의지하고 아끼며 살아가겠습니다. 할아버지 사랑하고 존경했습니다.

제가 다하는 날까지 할아버지 할머니 잘 모실게요.

2017년 11월 10일 금요일

After…

이제 정말 아무도 계시지 않습니다.

40여 년을 거친 파도와 폭풍우 속에서도 살아갈 수 있었던 건 두 분이 계셨기 때문이었습니다. 가족이 연으로 만나 함께 살아온 지난 세월이 사무치도록 그립습니다. 너무나 행복했었고 그래서 너무나 보고 싶습니다.

떠난 자와 남은 자의 약속

양주 배봉산 기슭에 모셔져 있는 아비의 묘는 참혹하기 이를 데 없었다.

'뱀 등이 국내(局內) 가까운 곳에 똬리를 틀고 무리를 이루고 있으며, 심지어 정자각(丁字閣) 기와에까지 그 틈새마다 서려 있는데 더 말할 것이 있겠습니까?'

정조는 사도세자의 묘에 다녀온 금성위 박명원의 상소문을 읽고 나서 한참 동안 말을 이을 수 없었다. 서러움이 북받쳐 올라왔다. 생각을 행동으로 옮겨야 할 때다. 이제 더는 주저하거나 지체할 수 없다. 더 참을 수도 없고 눈치 볼 수도 없다. 아비의 묘를 이대로 방치 할 순 없다.

"여따가 묘똥 쓰기만 해보쇼잉, 가만히 안 있을랑께! 퍼뜩 가쇼! 안 그라면 순경 부를랑께"

가묘 터 위 밭 주인 할머니가 목에 핏대를 세워가며 카랑카랑 소리를 지른다. 한 손에 들려있는 호미와 무릎까지 걷은 몸빼바지는 흙투성이 범벅이다. 조금 전까지 밭일을 하다 부리나케 우릴 보고 내려온 모양새다. 할머니의 영정을 들고 맨 앞장을 서고 있던 나와, 관을 들고 있는 장정들은 가냘픈 노파의 외침에 부동자세가 되어 버렸다. 밭고랑을 따라 길게 늘어뜨린 행렬 또한 맨 앞에서 벌어진 난데없는 폭격에 당황스러워 질서가 무너지기 시작했다.

노파는 당신 밭을 맞대고 쓰는 묘지가 기분 나쁘고 재수 없다고 한다. 묘를 쓸 거면 안 보이는 깊은 산으로 더 들어가라고 한다. 아버지와 집안 어르신들이 나서서 노파를 설득해보지만, 노파의 고집은 고래 심줄보다 굵었다. 서로 간 시간이 흐를수록 말과 행동이 거칠어지기 시작했다. 1시간쯤 실랑이가 계속되었을까? 5월을 앞둔 날씨라 낮 기온은 금세 뜨거워졌다. 이제 결정을 해야 할 때가 되었다. 이대로 노파를 물리치고 미리 조성해놓은 묘에 매장을 할 것인가? 아니면 어쩔 수 없이 화장터로 발걸음을 물려야 할 것인가? 내가 내 땅에서 이러지도 저러지도 못하는 신세에 처량함과 다급함이 밀려온다.

"아가, 이 할매(할머니)는 뜨거운 것은 겁나게 싫은께 꼭 니 하네(할아버지)와 함께 선산에 묻어줘라잉. 글고 느그들도 죽으면 싹 다 거기로 와야 할 껏이다잉"

할머니는 장손인 나뿐만 아니라 자식들에게 때 이른 유언을 하곤 했다. 파스도 몸에 붙이지 못할 정도로 뜨거운 것은 질색이셨고, 한겨울에도 늘 서늘하게 주무셔야 했다. 가정환경으로 인해 태어나서부터 초등 4학년 때까지 조부모 손에서 자란 난 할머니가 엄마였다. 부모 상담차 늙은 어미가 학교를 찾아와도 반가웠고, 널찍한 대야를 머리에 메고 장터에 과일 팔러 나갈 때도 기쁘게 따라나섰다. 그런 할머니가 재작년 4월 86세의 일기로 허망하게 떠나갔다. 우주를 잃은 슬픔도 이보다 클 순 없다. 무기력함에 숟가락 들 힘조차 없었다.

아버지와 집안 어른들은 상의 후 화장을 결정했다. 할머니의 유지도 중요했지만 추후 벌어질 시끄러운 사태에 다들 직면하고 싶지 않아 했다. 할머니는 우리 자손들에게 죽는 순간까지 베풀어 주셨지만 남는 자들은 눈물 외엔 아무것도 해드릴 수 없었다. 나약하고 힘없고 한없이 죄송스러운 존재들이었다. 결국 뜨거운 불구덩이에서 몸부림치시는 할머니를 통곡 속에 보내드려야 했고, 화장터 내 음침한 납골당 내에 모실 수밖에 없었다. 먼저 떠나보낸 할머니를 그리워하다 할아버지도 6개월 전 생을 마감하셨다. 현재 두 분은 합장되어 50cm도 안 되는 공간에서 이승에서 못다 한 한을 풀고 계신다.

"내 아비는 정신병자도 우울증 환자도 아니요, 반역을 도모한 우두머리도 아니올시다. 그저 당파에 휘말려 억울하게 희생된 가엾고 불쌍한 한 인간이올시다. 댁들은 뒤주에 갇힌 지 8일 만에 싸늘하게 식어버린 아비의 처참한 시신을 본 적이 있소? 난 내 아비가 그리도 원했던 따뜻한 사랑을 받고 인정받을 수 있는 그런 세상으로 옮겨 줄 것이오"

11살 어린 나이에 아비를 잃은 난 즉위 13년이 되어서야 비로소 수원의 융능으로 아버지를 모실 수 있었다. 아버지를 사지의 나락으로 내몬 조부도, 노론 패거리들도 그때야 비로소 용서할 수 있었다. 분명 아버지도 그걸 바랐을 것이다.

평생을 일만 하다 가셨다. 논농사, 밭농사, 과수원 농사 심지어는 건축일까지 시골에서 그렇게 네 자식을 대학에 보내셨다. 가혹하리만큼 혹독했던 그녀의 인생 말로는 굽은 척추와 닳은 무릎 연골로 인해 옴짝달싹 못 하는 뒷방늙은이 신세로 전락하였다. 살아생전 이역만리 타국에 있는 듯한 자식들의 장거리 효도는 그녀의 고통을 덜어주기엔 역부족이었다. 사후에도 변화하는 장례문화를 어쩔 수 없이 따라야 한다는 자식들의 자기 위안과 변명은 그녀에게는 지킬 수 없는 약속이 되었다.

난 아버지께 말씀드렸다. “햇볕이 잘 드는 선산으로 조부모님 유골이라도 제발 빨리 모셔 드려요” 아버지는 대답하셨다. “내년 봄쯤 봉분 대신 와비를 써서라도 선산으로 옮기자꾸나!” 인접한 노파의 밭은 매입하는 쪽으로 대화가 진행 중이라고 했다. 꽃비가 내리는 내년 어느 봄날 약속이 이루어질 그 날! 두 분을 당당히 찾아뵐 마음에 벌써부터 맘이 설레고 그리워진다.

떠난 자와 남은 자의 약속은 아직 현재 진행형이다.

2018년 6월 4일 월요일

After…

작년 꽃비 내리는 이맘쯤 조부모님의 유골을 선산으로 옮기겠다 약속하셨건만. 올해도 틀린 듯싶다.

여러 가지 사정이 있다 하셨다. 하지만 난 정말 이해가 안 된다. 이럴 땐 딱 어쩔 수 없는 손자 입장이 되고 만다.

어른들 하시는 일에 전혀 참견할 수 없는.

이 글은 여행 작가학교 졸업 당시 졸업문집에 실린 글입니다.

7. 학교 종이 땡땡땡

땡~땡~땡~땡!

지금은 비록 종소리가 멜로디 음으로 바뀌었지만 내 맘 깊은 속 놋쇠 음은 변치 않은 울림으로 다가왔다. 1학년 1반 교실에서 '학교 종이 땡땡땡' 동요가 흘러나온다. 분필 가루 날리는 교탁 위에서 동요를 부르는 12번 서동필 꼬마 녀석의 얼굴은 빨개져 있었다. 열심히 손뼉 치는 60여 명의 친구들 곁에서 나도 힘찬 박수를 함께한다.

녀석은 오늘을 평생 잊지 못하리라!

고향 가는 길

추석이 이제 이틀 남았다.

이날을 언제부터 손꼽아 기다려왔던가?

무거운 등짐을 메고 계단 4층을 수없이 오르내려도, 매서운 해풍에 넘실대는 파도와 싸우며 연신 그물질을 해도, 공장 돌아가는 기계 소음에 고막이 찢겨나갈 정도로 괴로워도, 내 고향 산천 조부모님이 계시고 부모님이 계시는 흙냄새 좋은 고향으로 달려갈 생각에 이를 악물고 버텨왔다.

양손 가득 선물꾸러미와 짐 꾸러미를 싸 들고 강남 고속버스터미널로 향한다. 이미 버스터미널 안은 인산인해! 인파 속을 헤집고 미리 예매해둔 순천행 직행버스에 몸을 실었다. 곰팡이 케케묵은 듯한 괴팍한 냄새가 콧속을 후비고 들어와 생머리를 아프게 한다. 빈자리가 없이 빼곡하게 들어찬 버스 안은 마치 닭장 속의 닭이 된 듯한 신세다.

하지만 십수 년 전 기차역에서 전날부터 10시간가량 줄을 서서 기차표를 예매했던 경험과 자가용으로 귀경 시 12시간이 걸려 온몸이 마네킹이 되어야 했던 악몽은 더는 떠올리기 싫다. 지금은 비록 이산화탄소와 미세먼지로 가득 찼을지라도 누가 뭐래도 이런 버스가 좋다. 어쨌든 몸만 실으면 시간이 얼마가 걸리든 알아서 편히 잘 데려다주니 말이다.

의자에 몸을 뉘자마자 피곤함에 절로 눈이 감긴다.

귀성 차량으로 가득 찬 도로를 서다 가다를 반복하며 움직이는 모양새가 어릴 적 흔들 요람에서 앞뒤로 왔다 갔다 하며 요람을 타고 있는 듯한 기분이다. 그때 날 바라보시며 지긋한 미소를 지어주시던 조부모님, 부모님.

이미 마루엔 김이 모락모락 나는 떡을 지어놓으시고, 가래떡 한 판을 가지런히 뽑아 놓으셨다. 아궁이에는 닭과 고기를 삶기 위해 양 솥 가득 물을 올려놓으시고 불을 지피고 계신다. 수돗가에선 도마에 생선 다듬는 소리가 들리고, 정재 마루에서는 노릇노릇 전 부치는 고소한 냄새가 여기까지 풍기고 있다. 타향에서 찾아오는 자식들을 맞이하기 위해 고향의 조부모님은 폭염과 장마를 이겨내시고 그렇게 애타게 명절을 기다리셨을 게다.

어느덧 고향의 동무들과 뒷동산에 올라가 있다.

새총을 만들어 미리 지정해놓은 과녁 맞히기 시합을 하고, 소나무를 잘라 멋들어지게 총칼을 만들어 장군타령 해가며 총싸움, 칼싸움을 하고 있다. 동네 어귀에선 삼촌들 다 쓴 책들을 찢어 만든 네모딱지로 딱지치기를 하고 있다. 맑은 유리구슬을 일부러 거칠게 돌바닥에 비벼 만든 일명 '복짜구슬'로 동네 구슬 따먹기를 제패하고 동그란 딱지를 손 뼘만큼이나 쌓아두고 마치 재산 불리듯 자랑하고 있다. 녀석들의 연필과 지우개는 모두 우리 집에 모셔져 있다. 왜냐하면 연필 따먹기와 지우개 따먹기는 동네뿐만 아니라 학교 내에서도 단연코 나를 상대할 자가 없었다. 후엔 다시 녀석들에게 절반 가격에 되팔아 용돈을 만들기도 했다.

어디선가 구성진 풍물놀이패들의 농악 장단이 들려온다. 동네 어귀에서부터 시작한 풍물놀이패들을 조무래기들이 뒤를 따른다. 판소리에 일가견이 있으신 할아버지가 상쇠가 되어 무리를 이끌고 계신다. 필시 내 터진 목청도 할아버지에게 물려받았을 터. 쩌렁쩌렁 한 자락에 추임, 박자가 좋으시고 구변이나 익살도 능청스러우시다. 집집마다 돌며 한바탕 신명 나게 놀이를 한다. 액운을 쫓아내고 부귀영화를 기원하며 마을 신께 풍요의 감사함을 올린다. 동네 어르신들도 흥에 겨워 어깨춤에 덩실덩실 춤을 춘다. 모두 한가위의 풍성함에 웃음이 떠날 줄 모른다. 꽹과리 가락 소리가 희미하게 멀어져 갈 무렵 눈을 뜬다.

이제 곧 사랑하는 나의 조부모님, 부모님, 그리고 나의 동네 친구들을 만나겠지! 그리고 날 낳아주고 날 보듬어주었던 순천시 별량면 신석 고향마을도 멀리서부터 따뜻한 시선으로 날 반겨주겠지! 덜컹거리는 버스라도 좋다. 일 초라도 빨리 날 고향에 바래다주었으면 좋겠다. 그래서 날 사랑해주는 그들을 한시라도 빨리 만나고 싶다.

이렇게 고향 가는 길은 마냥 즐겁고 행복하기만 하다.

내 나이가 백 살이 될지라도!

갑자기 답답해 보이던 도로가 서서히 뚫리기 시작한다.

2015년 9월 25일 금요일

After…

이제 내 고향 신석 마을엔 떡 냄새도, 전 부치는 냄새도, 생선 다듬는 소리도 아무것도 들리지 않는다. 풍악 놀이패들의 농악 소리도 사라진 지 오래다. 동네 조무래기들도 모두 중년이 되어 아무도 보이지 않는다. 내 고향이 영영 사라진 듯한 느낌이다. 너무도 을씨년스럽고 외롭다. 사하라의 한 중앙에 버려진 느낌이다. 고향 가는 길이 참으로 쓸쓸하다.

라디오가 이어준 인연

벌써 26년이라는 시간이 흘렀다. 예민하고 고민 많던 고2 남학생은 어느덧 또래의 자식을 둔 중년이 되어버렸다. 벽장 속 오래된 포장 박스들을 정리하다 발견한 낯익은 편지 뭉치들. 대구 수성우체국 직인이 찍힌 곤충시리즈 우표들과 거기에 적혀있는 반가운 이름 000. 상처투성이들 편지 봉투 속에는 정갈한 글씨체로 빛바랜 추억들이 그려져 있다. 족히 1백 통도 넘을 편지들 속에서 첫 번째 페이지 속으로 여행을 떠난다.

중학교 기술 시간에 만든 트랜지스터라디오 1대가 있었다. 열심히 납땜하고 조립하고 만들어 제법 주파수도 잘 잡히는 그럴싸한 라디오였다. 감수성이 풍부하고 이성에 관심을 보이던 그 시절 밤마다 듣던 그 라디오는 내 여자 친구와도 같은 존재였다. 그 중 인기방송이었던 이승연의 FM 데이트는 빼놓지 않고 열심히 들었는데, 어느 날 고등학교 진학을 앞둔 중3 여학생의 고민 사연이 흘러나왔다. 당시 내가 느꼈었던 고민과 너무나 똑같아 연민의 감정을 느낀 나머지 상품 소개 때 흘러나온 주소를 나도 모르게 문제지 여백에 적고 있었다. 그때는 모든 방송에서 사연자의 주소를 제대로 읽어주던 시기였다.

다음날 바로 팬시점에서 편지지와 봉투를 사서 소녀에게 편지를 썼다. 무슨 내용을 썼는지 기억은 나지 않는다. 다만 애타게 기다린 그녀의 첫 답장엔 이렇게 적혀 있었다. “라디오에서 사연으로 만난 오빠가 왠지 저의 잃어버린 오빠 같아서 고민하다 답장을 보냅니다.” 첫 답장을 받고 얼마나 기뻤는지 모른다. 그 이후 답장을 기다리는 행복에 날마다 대문 편지함을 바라보았고 실제 만날 수는 없었지만 난 그녀에게 남자친구 같은 친오빠가 되어 있었다. 그녀가 사는 곳은 대구, 내가 사는 곳은 전남 순천. 감히 만남을 생각할 수도 없는 거리였고 시기였다. 편지를 쓰고 우체국에 가서 당시 보통 우표로 널리 판매되던 곤충시리즈 우표를 사서 부치고 다시 답장을 받기까지 1주일이라는 시간이 걸렸다. 지금이야 SNS로 실시간 소통이 가능하지만, 당시에 그녀와 나의 메신저는 바로 우표였다.

그녀가 고등학생이 되고 나는 대학생이 되었다. 그때까지도 우리의 편지 대화는 계속되었다. 꿈을 상상하고 미래를 상상하며 서로의 모습도 상상했다. 둘 다 집안 환경도 비슷하고 똑같은 상처를 가지고 있어 대화는 막힘이 없었다. 그렇게 5년이라는 시간 동안 서로에게 힘이 되어주고 곁이 되어주는 소중한 상상 속 연인이자 오누이가 되어왔다. 1996년 그녀가 드디어 대학에 진학을 했다. 우린 서로 말은 안 했지만 첫 만남을 그리고 기대하고 있었다.

드디어 대구행 버스표를 끊고 버스에 몸을 실었다. 대구 시외버스터미널에서 5년 만에 그녀를 만났다. 아담한 체구에 안경을 쓴 내가 상상해왔던 그녀 그대로였다. 어색함도 5분쯤 지나니 반가움과 그리움에 우린 지난 서로의 얘기들을 기쁘게 들어주고 있었다. 그 후 두어 번 그녀가 보고 싶을 때면 대구에 건너가 그녀를 만나고 인연을 이어갔다. 하지만 첫 만남 이후로 편지 대화는 사라져갔다. 서로의 바쁜 삶에 편지는 뒷순위가 되어 있었다. 그렇게 군대에 입대하고 머지않아 난 지금의 아내를 만나 결혼을 하였다. 결혼 소식을 알릴 때 누구보다도 축하해줬던 그녀였다. 이성으로 만났지만 끝내 연인관계로 발전하지 못했다. 그녀는 내가 친오빠 같은 존재였고 나 또한 친여동생 같은 느낌이 강했기 때문이다.

결혼 후 1년쯤 지났을 때 오랜만에 그녀에게서 다급한 연락이 왔다. 그녀 어머니가 폐암으로 위중하신데 나를 마지막으로 보고 싶어 하신다는 얘기였다. 한 번도 뵙지 못했지만 수화기 너머 너무나 인자하셨던 분이셨다. 실로 오랜만에 대구를 찾아 중환자실에 누워계시던 초췌한 모친을 처음으로 뵈었다. 모친은 마지막 기운을 짜내어 내 손을 잡고 말씀을 하셨다. "오늘 자네를 처음 보는데 꼭 먼저 간 내 아들 같네! 우리 00을 지금까지 해왔던 것처럼 오빠로서 잘 부탁 하네" 눈물이 앞을 가리고 목이 메어 한참 후에서야 대답을 겨우 드렸다. 그제야 어머니는 안도하시는 듯 편안히 눈을 감으셨다.

라디오 사연으로 만나 우체국을 수도 없이 드나들며 서로에게 힘이 되어주고 위로가 되어주었던 편지들! 영호남 저편 끝에서 우리를 서로 이어줬던 편지 뭉치들을 보며 지난 세월의 추억에 잠긴다. 그녀도 얼마 후 결혼하여 한가정의 아내가 되었고, 난 어머니의 유언대로 오빠로서 역할을 다하고자 최선을 다하였다. 하지만 12년 전쯤 그녀의 연락처가 바뀌면서 소식이 끊겨버렸다. 행여나 연락이 오지 않을까 기존 번호를 유지하며 계속 기다렸고, SNS도 뒤져보며 행방을 쫓았지만 더는 그녀의 소식은 찾을 수 없었다. 그렇게 우리의 인연은 종료되었다.

지금도 매일 운전하는 차량 속에는 라디오가 켜져 있다. 매일 매일의 사연을 들으며 때론 글쓴이와 동화가 되기도 하고, 때론 아름다운 노래 선율에 목청껏 따라 부르기도 한다. 하지만 라디오 속 그녀의 사연은 더 이상 어디에서도 들리지 않았다.

"청소년기를 아름답게 꾸며주고 지켜주었던 00아, 이 글을 보면 꼭 연락주렴! 그럼 네게 그때 그 시절로 돌아가 다시 편지 한 통 쓰고 싶구나!"

2017년 7월 13일 목요일

After…

여전히 아무 소식이 없다. 이 메일은 텅텅 비어 있다. SNS는 가동이 중지되어 있다.

서울과 대구가 마치 서로 지구 반대편 끝에 놓여 있는 것처럼 너무도 멀리 떨어져 있는 기분이다.

* 윗글은 2019년 6월[월간 우표지 6월호]에 실린 원고입니다.

첨산을 만나다

내 고향 순천시 별량면에는 드넓은 농지 위에 우뚝 솟은 첨산이라는 독특하게 생긴 산이 있다.

첨산을 중심으로 별량면이 있고 첨산 아래에는 과거 제법 유동인구가 많았던 면 시내와 초중학교도 위치하고 있다. 고흥, 장흥, 목포 방향으로 향하는 관문 위에 있어 누구나 쉽사리 발견할 수 있다. 지역주민들은 예부터 국가적 혼란이 있기 전에 산에서 울음소리가 들린다 하여 영산으로 불리었고, 명칭을 곡산이라고도 했다. 여순반란사건, 6.25동란 전에도 울음소리가 들렸다 하니 그 깊은 역사만큼 신성시되어 왔다. 첨산은 주변 초중교 교가에도 그 단어가 등장할 만큼 별량면 하면 대표적으로 내세울 만한 명소이기도 하다.

해발 295미터.

높이가 말해주듯 나지막한 산이다. 하지만 첨산 발 끝부분부터 남해가 시작되어 오롯이 1m부터 올라야 하며 산세가 험하고 가파르기로 유명하다. 한자어로도 '예리하고 뾰족할 첨'자를 쓰고 있다. 시종일관 60도가 넘은 경사도를 기어 올라야 하며 7부 능선

이상부터는 그마저도 암벽지대라 로프를 붙잡고 올라야 한다.

난 이곳 별량면 신석마을에서 2남 1녀 중 장남으로 태어났다

사정상 초교 4학년까지 조부모님 손에서 자라며 첨산을 늘 바라보며 살았다. 집에서 정면으로 약 1km 거리에 있어 학교를 오갈 때도, 집에 있을 때도 늘 내 앞에 첨산은 아버지 같은 시선으로 들어왔다. 또한 첨산은 아침 해를 맨 처음 맞이하는 곳이기도 했다. 산 정상에는 우천 시를 제외하곤 태극기가 항상 휘날렸었는데 국기 게양 및 하강 시각에 쌍안경으로 바라보는 재미도 있었다.

그런 첨산을 난 한 번도 오른 적이 없었다. 어릴 적엔 감히 저리도 험한 산을 올라볼 엄두가 나지 않았다. 성장해서는 관심 사항 바깥으로 밀려 기억 속에서 지워져 있었다. 그사이 전국의 명산이란 명산은 모두 등산하면서 말이다. 서울에 정착하면서부터는 이제 첨산은 명절 때나 가끔 한 번씩 바라보던 산이었다. 그런 첨산을 올해 추석 때는 한 번 올라보기로 맘을 먹었다.

44년 만에 처음으로 오르는 산행.

역시나 듣던 소문대로 수풀이 우거지고 오솔길 또한 협소했다. 사람들의 발길이 오래전 사라진 듯 길의 흔적을 찾기 힘들었다. 대다수 노인들만 거주하는 시골인 데다 알려진 산도 아니라 등산객이 있을 리 만무했다. 또한 태극기 게양도 15년 전쯤 중단되었다고 한다. 거미줄을 걷어가며 풀숲을 헤치며 전진하기 시작했다. 어떤 곳은 대낮인데도 사방이 어둡고 고요하여 소름이 끼치기까지 했다. 다행히 발길 천지에 피어있는 버섯군락들과 도토리들, 쥐밤들이 눈길을 사로잡으며 두려움이 사라져갔다.

마지막 암벽 구간.

로프를 붙잡고 한참을 기어오르니 저만치 정상이 보이기 시작했다. 갑자기 첫사랑을 만나는 듯 가슴이 뛰기 시작한다. 발걸음도 덩달아 빨라지고 경쾌해진다. 정상엔 산불 감시초소 및 정자도 조성되어 있었다. 드디어 정상 도착! 첨산과 드디어 첫 만남의 악수를 나눴다. 우린 한참 동안 잡은 손을 놓지 않았다.

사방주변으로 별량면을 내려다본다.

남쪽으로는 남해가 펼쳐져 있고 서쪽으로는 우리 신석마을이, 북쪽으로는 순천이, 동쪽으로는 해룡면이 눈에 들어왔다. 내가 사는 곳이 저런 곳이었구나! 위에서 내려다보는 고향 전경에 순간 감격이 밀려온다. 나의 유년 시절 성장기가 몇 분 안에 영화필름처럼 스쳐 지나갔다. 이렇게 아름다운 곳을 왜 인제야 올라왔나 후회감이 밀려왔다.

남쪽 해안.

남해에 수많은 섬이 점으로 찍혀있다.

가까운 해안 쪽으로는 김 양식장이 오선지처럼 길게 늘여져 있다. 가을하늘의 뭉게구름은 손에 잡힐 듯 가까이 내려와 있다. 바쁘게 통과하는 도로 위 차들은 위에서 바라보니 여유로워 보여서 좋다. 가을 햇살은 따사해서 가요처럼 신나고, 가을바람은 선선해서 클래식처럼 듣기 편안했다. 잠시 눈을 감고 그 선율에 나를 맡긴다.

마지막으로 기념사진을 찍는다. 현재의 나를 키워주고 길러준 이곳 별량면 원창리. 그리고 그 중심의 첨산! 주변에서 모난 돌

하나를 주워 기존 돌탑 위에 살포시 올려놓는다. 나의 흔적은 이거 하나면 족했다. 다음번에 또 올라오면 돌 하나를 더 쌓아 올리리라. 첨산의 기운이 날 성장시켰고, 첨산의 험한 산세가 날 거친 바닷속에서 살아남게 했다. 첨산과 포옹을 나누며 두 번째 만남을 기약하고 하산했다.

창문 열고 바라본 첨산은 여전히 그 자리에서 같은 자세로 우리를 바라보고 있었다. 그러고 보니 감사하다는 말을 못 하고 내려왔네!

"너는 늘 한결같은 자리에 있었지만 지금에서야 찾았던 나를 용서해주고, 앞으론 시간 날 때마다 널 자주 찾아올게!"

"그리고 그동안 네가 지켜줬던 만큼 이제부터는 내가 널 사랑해줄게"

"고마워, 첨산!"

2018년 9월 23일 일요일

After…

첨산은 여전히 그 자리에 서서 날 지켜보고 있다.

다만 나의 열정만 식었을 뿐.

자연은 변하지 않으나 인간은 수시로 변하는 게 만고의 슬픈 진리이다. 좋다. 올해 안에 꼭 다시 널 보러 갈게.

약속! 그때 누렁이도 함께 갈까?

세 번째 라운딩

지난 3월 6일 여행 작가학교 운명과 동시에 시작된 골프 입문!

학교 졸업 즈음 3개월 레슨도 동시에 종료되었다.

6월 7일 첫머리를 태릉골프장에서 올리고 2주 후 대영 힐스에서 두 번째 라운딩을 하였다. 첫머리 올릴 때는 놀랍게도 스코어가 108개 나왔는데 다들 나더러 3개월 배운 거 맞냐고 물어보더라! 두 번째는 107개로 스코어를 하나 줄였다. 이쯤 되면 골프 신동으로 불리는 건가? 아니다. 사실 난 지독한 연습벌레였음을 고백한다. 프로님도 그런 날 인정해주시며 좋은 스코어를 미리부터 예상하셨다.

골프의 계절이라고도 불리는 가을이다. 이 녀석들의 성화가 없었다면 난 평생 골프의 버디/보기/파가 무슨 뜻인지도 몰랐을 거다. 대학교 ROTC 절친 동기들! 그들과 함께 라운딩을 함께 할 날을 그리며 지난 3개월 손바닥 허물이 벗겨지도록 부단히도 연습했었다. 드디어 녀석들과 함께하는 오늘의 라운딩!

태풍 '콩레이'는 다행히 한반도를 스쳐 지나갔다. 충북 음성의 코스카 CC의 새벽은 마치 신의 세계에 온 듯 안개로 자욱했다. 새벽 3시에 서둘러 출발, 티업시간 6시 30분은 여유롭게 맞출 수 있었다. 시계가 겨우 50m 정도에 불과하다. 300m 밖의 goal이 보일 리가 없다. 그저 남 캐디가 코치하는 대로 드라이버를 날릴 뿐이다. 이른 새벽의 추위는 불안과 떨림을 동반하였으며, 이는 곧 수많은 OB와 해저드로의 추락의 결과를 가져왔다. 같이 라운딩하는 세 친구도 당혹스럽기는 마찬가지였으나 그들은 상당한 구력과 꾸준한 골프 레슨에 금세 감을 찾아가기 시작했다.

전반 9홀이 종료되었다. 티업 시간이 이른 시간이다 보니 캐디와 동료들이 계속 속도를 재촉한 탓에 전반이 눈코 뜰 새 없이 지나버렸다. 드라이버와 우드는 그럭저럭하였으나 아이언과 퍼팅이 엉망이다. 잔디가 비에 흠뻑 젖어 무거운 이유도 있었지만, 기본적으로 실력 부족이 원인이다. 그 덕에 볼을 7개나 분실하였다. 대신 주변을 뒤져 로스트볼도 6개를 습득하였다.

스코어를 셈할 새도 없이 바로 후반 홀이 시작되었다. 그늘 집에서 겨우 막걸리 한잔했을 뿐인데 뒤 타임 플레이어들이 우리 때문에 정체가 되어 있다고 캐디가 또 서두른다. 다행히 후반 홀부터는 안개가 가시고 시야가 확보되기 시작했다. 그러나 나의 샷 감각은 여전히 안개 속에서 헤매고 있었다. 언제쯤이나 안개가 걷힐지. 그래도 전반 홀에 비해 시간적 여유는 다소간 확보되었다. 그늘 집에서 많이 서두른 덕에 멀리건도 돌아가면서 쳐 볼 수 있었다.

10시가 넘어가면서부터 햇살이 필터링 없이 쏟아진다. 파스텔 느낌의 하늘은 무채색의 바람으로 채색되어 더욱더 맑고 투명해

보였다. 다들 후반 종료 홀이 다가올수록 스코어 걱정보다는 라운딩 종료 시간이 가까워져 감을 아쉬워 한다. 캐디가 실력이 들통 난 우리들을 온갖 지식을 짜내어 가르친다. 녀석들은 스펀지가 된 듯 그걸 온전히 흡수하고 있고 캐디는 신바람이 나서 더더욱 채찍을 가한다. 독학으로 깨우쳤다는 고수 녀석의 골프 실력을 입에 침이 마르도록 칭찬한다. 나는 구력에 비해 실력이 우수하다며 추켜세운다. 립 서비스로 보이는 말들이 춤을 춘다. 그래도 듣기엔 신나고 기쁘다.

마지막 18홀. 나의 드라이버샷에 모두 '나이스 샷'을 연발한다. 우드 샷 또한 최고의 발사각도와 비거리, 정확도로 홀컵을 향해 날아갔다. 젠장! 마지막 홀에 와서야 감을 찾은 것이다. 오케이 싸인 대신 홀컵에 볼이 경쾌하게 빨려 들어가는 소리를 마지막으로 라운딩이 종료되었다. 최종 파 한 개, 보기 다수, 더블 및 트리플 몇 개로 총 타수는 108개로 꼴찌가 되었다. 녀석들은 80~90개 정도로 준수하게 스코어가 나왔다. 비록 꼴찌가 되었지만 지난 6월 이후 골프채를 전혀 만져보지 못한 거 치고는 만족한 스코어가 아닌가 싶다. 또한 전반은 도저히 라운딩할 수 없는 날씨였지 않은가? 녀석들도 생각보다 내가 잘 쳤다고 칭찬한다. 역시 립 서비스일 테지만 그래도 고맙다.

잠을 제대로 못 자고 나온 탓에 온몸이 옥신각신하며 졸음도 뒤따라 밀려왔다. 곧바로 샤워장으로 달려가 온탕에 몸을 뉜다. 서로 간에 게임을 상기하며 좋았던 스윙과 나빴던 스윙을 잡아준다. 기억 속에서 우리들은 제2차 욕조 라운딩을 하고 있었다.

그린피와 카트비, 캐디비, 그늘집 간식비 등을 N 분의 1로 계산했다. 솔직히 부담스러운 금액이다. 하지만 녀석들과 함께라면 투자 못 할 이유가 없다. 은행 빚을 져서라도 재투자할 것이다. 이 종목은 영원히 불변하는 상승 종목이기 때문이다.

혹자는 골프를 부르주아 스포츠라고 한다. 하지만 난 부르주아도, 기득권자도 아니다. 그저 아껴 저렴한 시간대에 자연을 벗 삼아, 바람을 이불 삼아, 하늘을 지붕 삼아, 볼을 음식 삼아 요리하며 즐기는 소시민일 뿐이다. 아직 골프를 접하지 않은 분들이 이 글을 보고 계신다면 그분들께 과감히 권하고 싶다.

"그늘 집에서 막걸리 한잔 마시고 푸른 잔디 위에 올라 보십시요. 그곳이 바로 천국입니다".

2018년 10월 7일 일요일

After…

그날 이후 동계에 접어들면서 라운딩을 가지 못했다.

골프장에 빠져 사는 한 친구의 성화에도 우리 멤버들은 봄을 기약하며 움직일 생각을 안 했다. 그 사이 나의 골프 실력도 많이 녹이 슬어버렸다. 몇 차례 연습장에 나가보았지만, 몸이 기억을 까먹고 제대로 된 스윙이 나오지 않았다. 큰일이다. 조만간 라운딩 나갈 텐데 이러다 창피당하면 어떡하지? 밤 10시, 당장 7번 아이언을 들고 아파트 뒤 공터로 나왔다. 달이 밝으니 천 번만 스윙 연습하자!

학교 종이 땡땡땡

할아버지 기일 1주기에 맞추어 또다시 찾아온 내 고향! 황금 들녘은 옷을 모두 벗었고, 감나무와 모과나무들은 짐을 비로소 내려놓았다. 반쯤 누워버린 억새군락과 이젠 벌떼들도 거들떠보지 않은 앙상한 코스모스들, 발갛게 말라비틀어진 나뭇잎들은 이 계절의 끝을 알려주고 있다.

일찍이 제사 준비를 마쳤다. 툇마루에 걸터앉아 고요한 이 순간을 한없이 즐긴다. 동구 밖 도로 위엔 간헐적으로 차가 다니고 있고, 빨랫줄 위엔 고추잠자리 두 마리가 앉아 날개를 접고 편안하게 잠을 자고 있다. 때마침 첨산 아래에 있는 교회에서 예배 시작 종 소리가 바람에 실려 들려온다. 땡~땡~땡~땡! 그러고 보니 오늘이 일요일이구나!

눈을 가만히 감고 있으니 들려오는 종소리가 초등학교 시절로 나를 인도한다. 10리밖에 있는 별량초등학교는 입학 후 4학년 5월까지 다녔던 나의 모교이다. 수업 시간 시작 전과 후에 울리는 종소리는 어머니의 목소리처럼 매번 정확했다. 제 몸집보다 큰 책가방을 메고 매일같이 난, 이 거리를 왕복 2시간이 넘게 걸어

다녔다. 같이 걸었던 유일한 마을 동갑내기 친구 대용이는 그때부터 지금까지 쭈욱 단짝이다.

'컹컹, 컹컹, 컹컹!!!' 누렁이 개가 대문 밖을 보고 짖는 소리에 정신을 차렸다. 때마침 친척 한 분이 들어오신다. 대문 옆 기둥에 계속 묶여있는 누렁이 개는 사람만 보면 대문 밖으로 데리고 나가 달라고 짖어댄다. 바깥세상이 그리운 친구다. 잠시 초등시절 생각에 빠져 있던 난 누렁이 개를 데리고 초등학교에 가보기로 결심한다. 나만 보면 데면데면하던 친구도 목줄을 풀고 긴 줄로 옮겨 타니 세상 신난 듯 기뻐 날뛴다. 가보자! 이게 몇 년 만인가?

11살 이후 30년도 훌쩍 넘게 흐른 듯싶다. 학교 가는 길은 너무도 많이 변해있었다. 신작로 도로 아래 논둑으로 걷던 길은 우마차길 넓이로 포장되었고, 개천을 건너던 삐걱삐걱 나무다리는 차량이 다니는 콘크리트 다리로 승진되었다. 농지도 반듯반듯 정리되어 당시 걷던 길을 찾기 힘들었다. 또한 지금 내 옆엔 대용이 대신 누렁이 개가 친구로 있지 않은가?

당시 왕복 2시간 거리도 둘에겐 길거나 지루하지 않았다. 특정 숫자를 정한 뒤 왕래하는 차량 넘버 뒤 숫자 많이 맞추기, 버려진 깡통, 유리병 많이 찾아내기, 개구리 잡기 등 유치하기 짝이 없는 놀이를 하며 등하교를 했다. 열차 지나갈 때 철로에서 동전 펴기, 비닐하우스 내 딸기, 참외 서리, 뱀 잡아 죽이기 등 지금 생각해보면 실로 위험하고 어리석은 놀이도 많았다. 몇 년 전부터 학교에서 스쿨버스를 운행하고 있다 하니 후배들은 이런 추억거리들도 없을 거다.

초등학교는 별량면사무소 뒤 가장 번화한 곳에 위치하고 있다. 일부 건물도 증축되고 편의시설도 보강되었으며 빛깔도 바뀌었지만, 아직도 당시의 틀을 그대로 유지하고 있었다. 내가 다니던 교실, 강당, 운동장, 체육실, 창고, 놀이터, 정원, 음료수취수대 등 100년 역사의 학교는 현재의 35년 후배들에게 그대로 되물려 주고 있었다.

운동장에 섰다. 운동회 때 트랙을 달리며 계주를 했고, 공굴리기, 오자미 던지기, 줄다리기를 했으며 길고 지루했던 교장 선생님 훈시를 들어야 했던 곳이었다. 당시 운동회는 지역주민들의 큰 행사 중 하나로 행사 날이면 학교에 사람들로 인산인해를 이루었다. 그렇게 넓디넓었던 이곳이 내가 다녔던 곳이 아니었던 것처럼 지금은 너무나 작아져 있었다. 코흘리개 꼬맹이 녀석이 감당할 수 없었던 세월의 크기가 중년에 이른 나의 시선에 한참 줄어들어 그리 보였을 것이다.

사열대 좌우측에 있는 이승복 동상과 책 읽는 소녀상도 그대로다. 소녀상 옆의 단군 동상도 홍익 인간의 정신을 아직도 전파하고 있었다. 화단 속 캥거루, 꽃사슴 동상도 반갑다. 내 사진첩 어딘가 꽃사슴 위에 앉아 찍은 사진도 있을 테다. 교문 우측 만원 지폐 속 인물 세종대왕도 늙지 않고 그대로 계셨다.

강당 옆 인도어 골프장 시설이 이채롭다. 골프선수들을 양성하는 듯싶다. 내가 다닐 땐 배구선수를 육성했었는데 소싯적 배운 배구 실력을 지금도 써먹고 있다고 하면 다들 믿지를 못한다. 문자 그대로 난 한 배구 한다.

운동장과 교정, 건물 곳곳의 흔적과 자취를 추적하며 1980년대 초반의 나를 쫓는다. 꼭꼭 숨은 녀석은 눈에 띄질 않았다. 대용, 정미, 윤희, 숙현, 은정이 너희는 대체 어디에 숨어 있는 거냐? 세월은 끝내 아무도 내 눈앞에 내놓지 않았다. 건물 뒤편 벽면에 두껍게 껴있는 짙은 이끼만이 그 세월의 나이를 알려주고 있을 뿐이다.

교문을 나서려니 누렁이 개가 목줄을 버티며 나오려 하지 않는다. "그새 너도 학교가 정들었니? 나도 눈물 날 만큼 반가웠고, 뭉클했단다." "인제 그만 돌아가자! 다음에도 꼭 다시 같이 오자꾸나!" 한참을 버티던 녀석은 나의 이 말 한마디에 목줄의 힘을 풀었다.

교문을 뒤로하고 돌아오는 길! 4학년 5월, 아름다운 교정을 뒤로하고 엄마 손 잡고 순천으로 전학을 가던 내 모습이 보였다. 그리운 친구, 학교, 고향, 그리고 사랑하는 조부모님! 헤어지기 싫어 눈물을 삼키며 떠나온 그 길을 지금 33년이 넘어 다시 걷고 있다. 당시 전학은 내게 있어 모든 걸 버리고 선택했었던 사랑했던 이들과의 첫 번째 이별이었다. 그리고 사회에 대한 첫 도전이었다. 나는 그러한 무수한 도전들을 이겨내고 지켜내어 너의 품에 다시 돌아왔던 것이다.

늘 시골에 와도 가보기 힘들었던 곳! 아니 기억 속에서 지워져 있던 곳! 어릴 적 왕복 2시간 걸렸던 등하교 거리는 1시간으로 좁혀져 있었다. 오랜만의 세상 구경을 했던 누렁이 녀석에게도, 지난 초등시절을 소환시켜주었던 나에게도 포근했던 나들이였다.

땡~땡~땡~땡!

지금은 비록 종소리가 멜로디 음으로 바뀌었지만 내 맘 깊은 속 놋쇠 음은 변치 않은 울림으로 다가왔다. 1학년 1반 교실에서 '학교 종이 땡땡땡' 동요가 흘러나온다. 분필 가루 날리는 교탁 위에서 동요를 부르는 12번 서동필 꼬마 녀석의 얼굴은 빨개져 있었다. 열심히 손뼉 치는 60여 명의 친구들 곁에서 나도 힘찬 박수를 함께한다.

녀석은 오늘을 평생 잊지 못하리라!

2018년 10월 29일 월요일

After…

지난 설날 만난 죽마고우 대용이와 함께 난 다시 초등학교를 다녀왔다. 계속 고향에서 거주한 친구의 감흥은 나보다 훨씬 덜 해 보였다. 그래도 단짝 친구와 함께이니 과거로 소환해준 듯한 느낌을 받아 행복했다. 시소에서 힘겨루기도 해보고, 그네를 서로 밀어주기도 하고. 아, 참 수돗가에서 우리 코피 터지게 싸웠던 거 기억나니? 뭐, 당연히 승자는 나였지만.

난 대용이가 지금도 너무 좋다.

서 상사와 어머니

초등학교 2학년 때 암으로 아버지를 잃은 친구는 그때 평생 흘릴 눈물을 한꺼번에 다 쏟아버렸다. 40대 초반에 과부가 되신 어머니 또한 3남 1녀의 어린 자식들을 키워나갈 암담한 현실에 식어버린 남편을 붙잡고 원망하며 통곡을 했다. 그 후로 어머니는 매일 새벽부터 밤늦게까지 닥치는 대로 일을 하셨으며 피곤한 몸을 이끌고 돌아온 어머니는 자식들의 늦은 저녁을 준비하며 몰래 서러움의 눈물을 쏟아내셨다. 그렇게 십여 년이 넘게 어머니의 눈물은 메마를 새가 없었다. 그러나 친구는 강해지고자 그 후로 단 한 방울의 눈물도 보이지 않았다.

160cm를 갓 넘은 땅딸막한 키에 다부진 체격의 친구는 초등학교 시절부터 동네의 또래들을 모두 제압할 정도로 한 치의 흐트러짐 없이 강건했다. 아비 없는 자식이라 놀림 받지 않기 위해 눈빛으로 상대방을 제압했고, 다양한 운동을 섭렵하며 날렵한 몸동작으로 상대를 쓰러트렸다. 곧 그를 따르는 친구 및 후배 추종자들이 생겨나기 시작했다.

시골은 변변한 수입 거리가 없기에 궁핍한 가정환경에 본인까지 홀어머니께 부담을 지워드릴 수 없다 생각했다. 중학교 때부터 신문 배달을 하였고, 공병과 신문 등을 모아 팔며 학용품 및 수업료를 감당했다. 또한 중학교 인근의 슈퍼에서 물류 아르바이트 등을 하며 어머니께 심심치 않게 용돈도 쥐여 드렸다. 당연히 공부는 뒷전이 될 수밖에 없었다. 고등학교 진학도 어머니가 선생님께 몇 날 며칠을 사정하여 성적이 저조한 학생들이 대거 다니는 학교라도 그나마 입학할 수 있었다.

고등학교 졸업식 다음 날 친구는 군에 자원입대하게 된다. 가난의 고통과 삶의 전쟁에서 한시라도 빨리 탈출하고 싶었을 것이다. 교복을 채 벗기도 전에, 스무 살의 성년이 되기도 전에, 사회에 첫 발을 내디디기도 전에 그는 그리운 고향의 품을 처음으로 떠나게 된다. 초스피드 하게 입대한 만큼 동기들 대부분이 한두 살 위였고, 최고참이 되었을 때도 대대에서 가장 어렸다. 심지어는 중학교 2년 선배가 후임으로 들어와 당혹스러운 일도 있었다고 한다.

국방부 시계는 더디지만 멈춤 없이 잘도 돌아간다. 26개월 군 복무를 마치고 돌아온 친구는 홀어머니의 손에 30만을 쥐여 드린다. 당시 병장 월급이 2만 원이 채 안 되었을 때였는데 친구는 월급의 대부분을 악착같이 모아 목돈을 만들었다. 제대 후에도 곧바로 일하기 위해 여러 곳에 수소문을 한다. 그러다 큰돈을 쥘 수 있다는 선배의 말에 원양어선을 타려고 무작정 대용이와 함께 부산으로 떠나게 된다. 두 번째로 고향을 등지게 된 것이다.

태평양, 대서양, 인도양 세계의 바다를 누비며 8개월간 육지를 밟지 못한다. 배 위에서 먹고 자며 그는 물고기 잡는 기계가 되었다. 그렇게 그물을 투하하고, 물고기를 잡고, 어창에 보관하다 가득 채워지면 수송선이 다가와 물고기를 국내로 모두 실어 간다고 한다. 물고기의 종류도 셀 수 없을 정도로 많다 했다. 그 수확량도 상상 초월이다. 눈앞에 물고기가 떼로 보이니 잡는 양에 따라 인센티브를 받는 구조인 선원들은 며칠 밤을 새워가면서까지도 잡는다. 친구는 3일 낮 밤, 즉 72시간을 뜬눈으로 쉬지 않고 잡아봤다고 한다. 그들이 온전히 쉴 수 있는 시간은 서 있기도 힘든 강한 폭풍우가 올 때.

간간히 쏟아지는 고참 선원들의 폭력에도 익숙해질 때쯤 그렇게 큰 목돈을 쥐고 친구는 입항을 한다. 일부는 저축을 하고 나머지 대부분은 시골집을 현대식으로 리모델링하는데 사용을 했다. 아버지가 돌아가신 이후로 친구는 이미 본인이 가장 역할을 해야 한다는 의무감과 압박감에 시달렸을 것이다. 어쩌면 병적일지도 모르는 자기희생과 책임감은 군대를 재입대 할 때까지 계속되었다.

재입대? 꿈속에서라도 입대 영장을 다시는 받고 싶지 않을 정도로 싫은 게 군대라 하는데 웬 재입대란 말인가? 녀석은 6사단 포병연대를 26개월 복무하고 전역한 어엿한 예비역 병장이다. 원양어선에서 복귀 후 조그마한 물류회사에 다니다 한 여성을 알게 되었고 결혼까지 하게 된다. 슬하에 1남 1녀를 낳고 가장이 되었는데 그는 현 직장의 미래가 암담함을 느꼈다. 진로에 대해 고민을 하다 우연히 본 TV에서 예비역들을 대상으로 장교 및 부사관 재임용 제도가 있다는 것을 알게 된다. 연령 제한이 30세까지였는데 당시 정확히 30세였던 친구는 꿈과 미래를 위해 재도전의 기회를 얻기로 맘을 먹었다. 그때부터 차근차근 준비했고 드디어 부사관 시험에 응시하여 당당히 합격, 하사 계급장을 달게 된다. 이로써 세 번째로 고향을 떠나게 되었다.

사병으로 복무 시에는 소위 졸개들이 모두 저보다 나이가 많았다. 그런데 늦깎이 나이로 다시 재입대하여 들어오니 동기들이 19살, 20살로 대부분 10살 이상 차이가 났다. 당연히 고참들도 막냇동생보다도 훨씬 어렸다. 이 정도의 수모는 감수하고 지원했다. 계급사회 아래에서는 아버지의 빽도, 나이도, 학벌도 다 필요 없었다. 친구는 저보다 한참 어린 고참들에게 인정받기 위해 남들보다 몇 곱절 노력을 다해야 했다.

안타깝게도 친구는 아내와 이혼의 아픔을 겪었다. 자녀는 친구가 양육하기로 했다. 당시 딸이 8살, 아들은 5살. 엄마의 손길이 한창 필요할 때였다. 엄마의 빈자리를 메우기 위해 동료 여군들에게 여자아이 머리 묶는 법, 사랑 주는 법 등을 배웠고 요리책도 사서 직접 찌개를 끓이고 고기를 볶았다. 그러다 4년후 군 동기를 통해 현재의 새로운 아내를 만났다. 아내도 똑같은 상처가 있었고 1남을 홀로 키우고 있었다. 결국 둘은 합치게 되었고 3남매의 부모이자 정식 부부가 되었다.

그동안 소식이 뜸했다. 아니 각자의 위치에서 열심히 살았다. 간혹 연락을 주고받으며 안부 정도만 물었었다. 시간은 10년이 흘렀다. 그는 그간 상사의 계급장도 달았다. 일명 서 상사! 한참 '태양의 후예' 드라마가 인기를 끌 때 이때 등장한 서 상사가 본인과 똑같이 닮았다며 소탕하게 웃는다. 어릴 적 당당하던 친구의 모습 그대로다. 그런 친구에게 오늘 참으로 오랜만에 전화가 걸려왔다. "서 상사, 오랜만이다"라고 반가움을 전하기 무섭게 그답지 않은 목소리가 수화기 너머에서 들려온다. "우리 엄마 방금 갑자기 돌아가셨어!"

청천벽력의 소리에 털썩 주저앉았다. 친구의 어머니는 이제 71세로 시골 분 치고는 건강하셨다. 젊어서 남편을 잃어 고생은 억수로 하셨지만, 그동안 병치레 한 번도 없으셨던 분이셨다. 명절 때도 가끔 내려가 인사를 드리면 직접 지으신 깨 한 봉지라도 꼭 싸주셨던 정 깊던 분이셨다. 부랴부랴 고향 순천으로 내려갔다.

6시간 만에 도착한 고향 장례식장!

초췌하게 쓰러져있던 4남매 속에 친구가 보였다. 불과 오늘 아침 전화 통화 때까지도 어머니는 평소와 다를 바가 없었다고 했다. 그런데 어머니를 모시고 있던 형이 비닐하우스에 다녀온 2시간 사이 원인불명의 이유로 쓰러지셨다 했다. 발견 후 응급처치를 취하고 119를 불러 병원으로 이동하는 동안 계속 심폐소생술을 하며 살리려 노력을 다했다. 그러나 어머니는 끝내 따뜻한 품을 다시는 내어주시지 않으셨다. 사인은 급성 심장마비란다.

영정 속에서 친구 어머님께 이승에서의 마지막 인사를 마지막으로 올렸다. 반평생을 남편 없이 홀로 자식들을 키우며 억척스럽게 사셨던 분이셨다. 불과 일주일 전에 택배로 친구에게 보내주신 단감 한 박스가 어머니의 마지막 유품이 되었다 했다. 자식들 모두 자수성가하고 이제 손주들 재롱 받으시며 편히 사실 인생의 황혼기에 문턱도 넘어보시지 못하고 그리 원통히 가셨다.

친구는 담담해 보였다. 눈물 자국도 찾을 수가 없었다. 그러나 난 읽었다. 그만의 방식으로 불효자라 칭하며 이미 수많은 눈물을 쏟아내고 있었다. 자정이 넘어 난 장례식장을 나왔다. 고개를 들어보니 반달이 외로이 떠 암흑을 밝혀주고 있었다. 제 몸의 반을 잃어버린 저 달이 그랬듯이 친구 또한 제 삶의 절반을 오늘 잃었으리라! 어머니가 계실 때만 온전히 빛을 발하던 친구였다. 이제 의지할 대상도, 삶의 원동력도 사라져 외로운 별이 되어야 할 처지가 되었다. 고향을 3번 떠나오며 제대 후엔 고향에 내려가 어머니를 모실 꿈도 가지고 있었는데 이젠 모두 허사가 되어 버렸다.

친구의 손을 잡고 힘을 불어넣어 준다.

"어머니가 떠나셨어도 네겐 사랑스러운 아내와 3남매가 남아 있잖아! 이제 그들을 향해 빛을 밝혀줘야 할 차례야! 그동안 잘해왔잖아! 친구야, 힘내!"

"그리고 넌 존재 자체가 아름다운 별이야. 힘들 땐 잠시 내려놓고 주위를 바라보렴! 비로소 주변의 밝은 별들을 볼 수 있을 테니!"

2018년 11월 29일 목요일

After…

서 상사는 역시 꿋꿋하게 잘 지내고 있다.

군에 복귀 후 정상적으로 맡은 바 임무 수행을 잘 해내고 있으며, 여전히 가족을 수호하는 등불이 되어주고 있다. 어머니는 가슴에 묻었다 한다. 올 추석 때 함께 내려가 찾아뵙기로 약속을 했다. 이제 하루빨리 원사 계급장을 달고 주임원사로서 부대의 어머니 역할도 할 수 있기를 친구로서 기도해본다.

아이스크림 사랑

2003년 태어난 아들이 중학교를 졸업한다며 행사 안내 팸플릿과 졸업앨범을 내민다. 모두의 축복 속에 양가 집안의 첫째 손주로 태어난 아들은 부모의 기대만큼 참으로 올곧고 바르게 성장해주었다. 엊그제 초등학교를 졸업하며 애기 티를 벗는가 싶더니 어느새 중학교까지 졸업하며 훌쩍 남자가 되어 버렸다. 내가 그만큼 늙어 버렸나 보다.

변해가는 거울 속 내 모습과 1월 8일 신년 초에 방학식과 졸업식을 함께 한다는 새로운 졸업풍토가 내겐 너무나 낯설다. 우리 세대는 겨울방학 후 2월 초 졸업식 풍경에 익숙해져 있다. 교문위에 걸려있는 졸업 플래카드와 그 앞을 꽉 메우고 있는 꽃장수들. 그리고 저마다 꽃 한 다발과 앨범 선물을 사 들고 사랑하는 자녀를 찾는 인파들. 살을 에는 추위는 꼭 덤이었지!

비평준화 지역에 살았던 난 중학교 졸업 전 고입 학력고사를 치르고 고등학교에 진학했다. 하지만 지금은 특목고, 자사고, 과학고 등을 제외하곤 특별한 시험 없이 지원 선택하여 일명 뺑뺑이로 진학을 한다. 아들도 미리 염두에 둔 고등학교를 1지망으로 썼다. 시험이 없다 하여 경쟁도 없는 건 아니다. 운이 좋으면 1지망 학교에 붙을 것이고 그렇지 않으면 컴퓨터가 점지해준 학교에 가야 할 것이다.

고등학생이 되면 지난날 내가 그랬듯이 아들도 전쟁이 시작된다. 내신과의 전쟁, 잠과의 전쟁, 성적과의 전쟁, 친구들과의 전쟁! 최근의 바뀐 입시정책과 학습 방법을 자문받으려 000 교장 선생님이 근무하시는 선일여고를 방문했다. 아들을 전쟁터로 떠나보내기 전 아빠는 그 어떤 전장 정보라도 주고 싶었다. 좁쌀만한 문구점, 향기 나는 분식점, 비탈진 언덕길, 딱딱한 교문과 을씨년스런 운동장은 예나 지금이나 변한 게 아무것도 없다. 어쩜 대한민국의 고등학교들은 학교 위치와 풍경이 이리도 붕어빵처럼 똑같을까? 전쟁터에서 살아남기 위한, 살아남을 수 있는 여러 비책들을 설명 들으니 어느새 나도 교복 입은 고등학생이 되어 과거로 돌아간다.

교실 창문에 따뜻한 햇살이 쉴 새 없이 노크하고, 미세먼지 없는 파란 하늘은 눈을 푸르게 하고 있다. 교실 교탁 앞은 창문을 투과한 빛에 노출된 백색 분필 가루들이 허공을 맴돌고 있고, 칠판을 가득 메워가며 독해와 문법을 가르치시는 영어 선생님은 오늘도 입안에 침이 남아있을 겨를이 없다. 올해부터 바뀐 대학 수학능력 시험이라는 새로운 시험방식은 선생님도 힘들고 학생들도 힘들다. 어쩌면 정치 논리에 의해 첫 희생양이 되어버린 우리들이 안쓰러우셨는지 선생님은 모든 걸 쥐어짜 내시며 오늘도 열과 성의를 다해 가르쳐주고 계신다.

순천 매산고등학교 진시중 영어 선생님!

감색 무니 상의 양복 재킷과 검은색 기지바지에 털그린 계열 목폴라는 365일 선생님의 변치 않는 복장이셨다. 숱이 많지 않은 참머리로 늘 8대 2 가르마를 하셨고 까무잡잡한 피부에 소프라노 톤의 목소리를 가졌던 선생님의 첫인상은 그저 그랬다. 낡고 헤진 검은색 슬리퍼를 이끌고 교실에 들어오시면 늘 하시는 첫마디는! "수업 시작하자!" 였다.

사립학교이다 보니 당시 선생님은 대다수 모교 출신으로 구성되어 있었다. 그러나 영어 선생님은 몇 분 안 되는 타 학교 출신이셨다. 그것도 우리 학교와 라이벌이었던 순천 00고등학교! 하지만 그분은 그 누구보다도 열성적이고 인자하셨으며 모든 제자들에게 무한한 사랑을 주셨다. 수업 시간에도 50분이 어떻게 흘러갔는지 모를 만큼 특유의 억양과 사투리, 발음, 유머로 익사이팅하게 우리를 이끄셨다. 그런 이유 등으로 대다수 친구의 영어성적이 좋았으며 나 또한 영어 교과에선 발군의 실력을 보였다.

수능 1차 시험을 앞둔 한여름 또 다른 적인 무더위와 싸우며 악전고투의 시간을 보내고 있을 때였다. 어느 날 밤 야간 자율학습 감독을 하시던 선생님이 우리들이 안쓰러우셨는지 갑자기 이렇게 말씀하셨다. "에휴, 많이 덥고 힘들지? 내가 아이스크림이라도 사줄까?"

"네!" 그렇게 맛있게 먹었던 아이스크림이 또 있었을까? 그 후로도 선생님은 사비를 털어 수업 시간이며, 야자 시간이며 우리 반 전체 학생들에게 아이스크림을 종종 사주시곤 했다. 당시 우리 반 담임도 아니셨고 그렇다고 넉넉한 재산을 가진 것처럼 보이지도 않았다. 필시 30대 중반의 평범한 한 가장이셨을 게다. 어리석은 제자들은 그저 달콤한 아이스크림이 먼저 보였지, 선생님의 그 크신 사랑은 보이지 않았다. 선생님은 그저 제자들에게 한없이 대가 없는 사랑을 베푸셨다. 그렇게 선생님의 아이스크림 사랑은 수능이 종료될 때까지 계속되었다.

고등학교를 졸업 후 사회생활을 하기까지 어렴풋이 기억나던 선생님의 사랑이 아들이 고등학교에 진학을 앞두고 나서야 다시 살아났다. 지금쯤 선생님은 정년퇴임을 하셨을까? 아니면 아직도 교편을 잡고 계실까? 가늠이 서질 않는다. 아마도 교편에 계신다면 그때 그 모습 그대로 제자들을 가르치시며 참사랑을 보여주고 계실 게다.

늦었지만 선생님께 받은 아이스크림 사랑을 다시 되돌려드리고 싶다. 선생님 이름으로 3학년 전체 학생들에게 아이스크림을 돌리고 싶다. 그리고 그때 선생님께 드리지 못했던 감사 인사를 제대로 드리고 싶다 "선생님의 저희에게 가르쳐주신 아이스크림 사랑, 영원히 잊지 않겠습니다. 감사합니다, 선생님!"

아이스크림이 한여름에 빨리 녹는 이유는 선생님의 사랑이 제자들의 가슴속에서 빨리 녹아내리기 때문일 것이다. 제자들에게 스승의 참 사랑의 덕목을 실천해주신 진시중 선생님이 너무너무 보고 싶어진다.

선일여고 비탈진 언덕길을 내려오는 내 발걸음이 어느 때보다도 경쾌하고 빨라진다.

2019년 1월 3일 목요일

After…

이럴 수가?

선생님께서 2018년도까지 교편생활을 하시고 정년퇴임을 하셨다 한다. 내가 조금 더 일찍 찾았어야 했는데 한발 늦어 버렸다.

그래도 올해 고향에 내려가면 꼭 선생님을 찾으리라. 늦었지만, 많이 늦었지만, 지금이라도 선생님께 감사 표현을 드리리라!

선생님의 수업이 갑자기 그리워진다.

"Hello, everyone"

맑았던 하늘에서 비가 내리기 시작했다. 해가 지면서 검게 변한 하늘은 더 짙어졌고 상가 대부분이 문을 닫은 일요일 저녁 거리는 적막하기 그지없었다. 우산도 없었고, 급하게 우산을 살 곳도 없었다. 점점 거세지는 빗줄기를 피해 그나마 처마가 긴 건물 밑에서 한참을 서성였다.

봄은 지나갔고 아직 여름은 오지 않은 계절. 이대로 집에 가고 싶지 않은 날이었다. 누군가를 불러서 막걸리라도 마셔야만 했다. 하지만 떠오르는 이름이 없었다. 처마 밑에 몸을 숨겼지만 거세진 빗줄기 때문에 신발이 젖어 들었다. 처마 밑을 서성이는 사이, 어쩌면 나는 빗줄기의 소강상태를 기다린 것이 아니라 누군가의 전화 한 통을 기다렸는지도 몰랐다.

결국 아무도 부르지 못했고, 아무도 불러주지 않는 저녁이었다. 다행히 비는 보슬비로 변했다. 맞아도 충분한 비였다. 집에 돌아와 샤워를 했고 책상에 앉아 누군가의 글을 읽기 시작했다. 글 안에 그의 삶이 고스란히 녹아 있었다. 누구든 '드라마' 같지 않은 삶은 없겠으나, 정제된 글로 접하는 삶은 언제나 감동적이다. 비를 피해 처마 밑을 서성일 때보다 빠르게 시간이 흘러갔다. 그사이 나는 누군가의 삶에 더 깊게 빠져들었다.

삶은 때로 축제이지만, 때로는 쓸쓸한 것이기도 하다. 서동필 작가의 글을 읽는 내내 그가 세상을 바라보는 시선에 매료되었다. 축제처럼 삶을 즐기지만 때때로 돌아서서 삶의 뒷면을 바라볼 수 있는 깊이감. 막걸리 대신 그의 삶에 취해 새벽을 맞이했다. 그리고 끝내 그런 생각을 했다. 그래도 다음에는 함께 막걸리를 마셔야겠어.

그날의 술값은 내가 계산할 것이다. 자신의 삶을 통해 우리 모두의 삶을 응원해 준 그에게 고맙기 때문이다. 그의 글을 통해 오늘 하루도 행복하게 보낸다.

이 책을 읽는 당신도 그랬으면 좋겠다.

여행가, 사진가, 에세이스트 **박동식**

●

글쓰기는 작가만의 전유물은 아니다. 누구나 할 수 있고, 누구나 작가가 될 수 있다. 이런 시대에 글쓰기는 어떤 역할을 할까? 서동필 작가는 '나를 표현하고 위로하는 것'이라고 한다.

1975년 토끼띠로 오일 쇼크 시기에 태어나 미국발 금융위기를 겪으며 다사다난한 삶을 살았던 서동필 작가. 그는 유년 시절을 승주군 별량면에서 보낸다. 이 책에는 1시간 이상 걸어서 초등학교에 다니던 추억, 성인 잡지를 엄마에게 들킨 덕분에 8년 동안 써 온 일기장이 통째 버려진 사연 등 구수한 유년의 이야기와 여행작가의 꿈을 품고 떠난 남미 여행기 등이 실려 있다. 솔직하고 담백한 이야기에 빙그레 웃음이 나고 '나도 저런 추억이 있었지' 하면서 고개를 끄덕이게 된다. 글쓰기가 저자에게 치유와 위로를 줬듯, 독자에게 잔잔한 공감과 위안을 준다. 세계에서 가장 웃기는 여행작가로 통하는 빌 브라이슨처럼 앞으로 그가 풀어놓을 재미있고 유익한 여행기가 기대된다.

여행작가, 한국여행작가협회장 **진우석**
시인이 되다만 여행작가(http://blog.naver.com/mtswamp)

그의 글에는 따뜻한 시간이 있고, 건강한 사람의 숨소리가 있다. 어린 시절의 이야기를 곱게 매듭지으며 현재의 삶과 이어가는 솜씨가 예사롭지 않다. 무심코 지나칠 수도 있는 일상의 소소한 사건들을 특별한 양념 없이 맛있게 만들어내는 건 글쓴이의 솔직한 삶의 태도에서 비롯되었을 것이다. 그가 하는 생각과 일들은 애써 꾸미지 않아서 재미있고, 일부러 멋을 부리지 않아서 정겹고 감동적이다. 자신의 지금 자리를 찾아내는 꾸준한 자기 성찰과 강아지를 포함한 가족을 품에 안는 넉넉한 책임감, 그리고 자연과 주변에 대한 좋은 시선이 글을 편안하게 해 준다. 그래서 가족과 살아오면서 여기저기에서 만났던 사람들에 대해 그렇고 그런 이야기 속으로 빠져들게 되는 모양이다. 특히 이 땅의 40대들에겐 동시대를 살아온 평범한 사람, 751210의 추억과 꿈과 회한과 기대와 다짐이 잔잔한 위로가 되지 않을까. 어쩌면 글쓴이의 '쉼표'에 공감하며, 산다는 것의 아름다운 의미를 찾아 남미 여행길에 오를지도 모를 일이다.

서울 은평 선일여자고등학교 교장, 시인 **최동희**